재미있게 배워보는

생존 러시아어 2

안병팔 이수현 공저

신아사

머리말

지금부터 36년 전 미국과 중국이 국교수교를 하던 시기에 '영원한 우방도 영원한 적도 없다'라는 말이 유행처럼 퍼졌던 때가 있었습니다. 국제관계 변화에 따라 국가 간 친소가 바뀔 수 있다는 말입니다. 나라 간 서열도 바뀔 것 같지 않지만 국가 경제력에 따라 최근 들어 변화의 조짐이 현저하게 나타나고 있습니다. 개혁 개방 이후 침체의 늪에 빠져 있던 러시아가 이제 세계 강대국으로 다시 급부상 하고 있습니다. 러시아는 석유와 천연가스 매장량 및 생산량 1위 국가로서 그 위상이 날로 높아져 가고 있습니다. 우리나라에서는 러시아의 이러한 입지 강화뿐만 아니라 우리나라의 인접국가라는 점 때문에 러시아와의 교역과 교류가 증대되어 가고 있습니다.

반면 정치적인 이유로 우리나라와 러시아는 오래 동안 소원한 관계에 있었기 때문에 러시아어를 구사할 수 있는 인력이 그다지 많이 양성되지 못한 상황입니다. 교실에서 러시아어를 배우지만 말을 구사할 수 있는 사람도 그리 많지 않은 것이 현실입니다. 말하기를 두려워서 피하는 일도 있습니다.

이 책은 한국 학생들이 말하기를 무서워하는 문제를 해결하기 위하여 실생활에서 사용할 가능성이 있는 주제를 선정하여 말문을 틔워주는 내용으로 구성되어 있습니다. 문법으로 공부하는 것이 아니라 입으로, 말로 러시아어를 공부하는 것이 이 책의 공부 방법입니다. 가드너(Howard Gardner)의 다중지능이론(Multiple Intelligence Theory)에 의하면 사람마다 발달된 지능이 다른데, 논리적 지능이 발달한 사람과 신제적 지능, 또는 인간관계 지능이 발달한 사람이 외국어를 습득하는 방법이 같을 수 없다는 것입니다. 이 책은 논리적 설명보다는 친구와 같이 앉아서 이야기를 하며 정보를 주고받는 내용으로 이뤄져 있습니다. 논리적 지능보다는 인간관계 지능이 발달한 사람을 의식하고 만든 교재입니다. 사생활에 관련된 정보를 주고받으면서 러시아어를 구사하도록 하는 것입니다.

이 교재는 생존러시아어 1을 마친 학생이 공부하는 것을 가급적 권장하지만 필수적인 것은 아닙니다. 각 주제에 대해서 정보를 획득하기 위한 발문을 하고 답변을 할 수 있으면 되기 때문입니다. 하지만 생존러시아어 1에 제시된 이야기 주제는 이 교재의 주제와 중복되지 않습니다. 대등한 차원에서 다른 정보들을 주고받는 내용으로 구성되어 있습니다. 이 책의 특징 중 하나는 공부하는 경우 반드시 이야기를 나눌 짝이 필요하다는 것인데, 짝과 함께 이야기를 주고받으면서 상대방의 사람 됨됨이를 알아가면서 공부를 하기 때문입니다. 부디 이 책을 통해서 러시아어로 말하는 것을 즐기는 사람이 많이 나오게 되기를 바랍니다.

끝으로 이 책의 러시아 정보란에 사진과 그림, 설명을 제공해주신 박진환 박사, 원어민으로서 러시아어 발음 강세표시와 교정을 해준 마리야 베즈쏠리찌나, 그리고 이 책이 나올 수 있도록 협조를 해주신 신아사 정현걸 사장께 감사를 드립니다.

2008년 7월

안병팔 · 이수현

차 례

러시아 개관

러시아의 정식 국가 명칭은 러시아연방(Росси́йская Федера́ция 라씨쓰까야 피지라찌야)이고 수도는 모스크바입니다. 국토면적은 1,708만km^{2}로 한반도의 78배, 미국의 1.8배입니다. 러시아의 동쪽 끝 블라디보스톡에서 서쪽 끝 스몰렌스크의 시차는 총 11시간입니다. 주요도시로 상트 페테르부르크, 노보시비르스크, 에카테린부르크 등이 있습니다. 전체인구는 약 1억 4,300만 명(2011년 추정)이고 민족은 러시아인(82%), 타타르인(4%), 우크라이나인(3%) 등 기타 100여개의 민족(고려인: 약 20만 명)으로 구성되어 있습니다.

첫째 이야기:

가족이야기

Пéрвые разговóры. Разговóры о семьé.

빼르븨에 라즈가보릐 라즈가보릐 아씨미에

51. 너의 엄마는 수영을 좋아하시니?

Твоя́ мáма лю́бит плáвание?
Нет, моя́ мáма не лю́бит плáвание. А твоя́ мáма?
Моя́ мáма тóже не лю́бит.

52. 주거형태(아파트 또는 주택)

Ты живёшь в кварти́ре?
Да, я живу́ в кварти́ре. А ты?
Я живу́ в дóме.

53. 주거시설 만족도

Тебé нрáвится твоя́ кварти́ра?
Да, мне нрáвится моя́ кварти́ра. А тебé?
Мне тóже нрáвится мой дом.

54. 가족의 흡연

Извини́, твой пáпа кýрит?
Нет, мой пáпа не кýрит. А твой пáпа?
Мой пáпа кýрит.

55. 가족의 음주

Извини́, твоя́ ма́ма пьёт?
Да, иногда́ она́ пьёт. А твоя́ ма́ма?
Моя́ ма́ма не пьёт.

56. 자동차 소유여부

У тебя́ есть маши́на?
Нет, у меня́ нет маши́ны. А у тебя́?
У меня́ то́же нет маши́ны.

57. 운전 여부

Ты во́дишь маши́ну?
Нет, я не вожу́ маши́ну. А ты?
Я то́же не вожу́ маши́ну.

58. 엄마의 운전과 차량 소유

Твоя́ ма́ма во́дит маши́ну?
Нет, моя́ ма́ма не во́дит маши́ну. А твоя́ ма́ма?
Моя́ ма́ма во́дит маши́ну.
У неё есть маши́на?
Да, у неё есть маши́на.

59. 아빠의 운전 여부와 차종

Твой па́па во́дит маши́ну?
Да, он во́дит маши́ну. А твой па́па?
Мой па́па то́же во́дит маши́ну.
У него́ есть маши́на?
Да, у него́ есть маши́на.

Кака́я маши́на у него́?

У него́ Avante.

60. 차량의 대소

Grandeur — больша́я маши́на?

Я ду́маю, что Grandeur больша́я маши́на.

Morning — больша́я маши́на?

Нет, Morning — ма́ленькая маши́на.

러시아의 도시

상트-페테르부르크 Са́нкт-Петербу́рг 쌍뜨-뻬찌르부릌

러시아 북서부, 핀란드만 안쪽에 위치해 있습니다. 인구는 약 500만 명입니다. 기후는 온화한 해양성 기후로서 백야현상이 있습니다. 1703년 표트리1세가 건설한 이 도시는 18세기 후반 러시아 최대의 무역항이었고, 1851년에는 모스크바와 이어지는 러시아 최초의 철도가 부설되었습니다. 이 도시는 제정러시아의 수도였습니다. 현재 러시아의 수도는 모스크바이지만 페테르부르크 시민들은 페테르부르크가 러시아의 교육, 문화, 예술의 수도라는 자부심을 갖고 있습니다.

51. 너의 엄마는 수영을 좋아하시니?

☺ Твоя́ ма́ма лю́бит пла́вание?
뜨바야 마마 류빌 쁠라바니에

☻ Нет, моя́ ма́ма не лю́бит пла́вание. А твоя́ ма́ма?
녵 마야 마마 니류빌 쁠라바니에 아 뜨바야 마마

☺ Моя́ ма́ма то́же не лю́бит.
마야 마마 또줴 니류빌

너의 엄마는 수영을 좋아하시니?

아니, 우리 엄마는 수영을 안 좋아하셔. 그런데 너의 엄마는?

우리 엄마도 수영을 안 좋아하셔.

'우리'라는 표현은 우리말에서 나타나는 독특한 현상으로 우리말의 '우리 엄마', '우리 가족' 등은 러시아어로 '나의 엄마', '나의 가족' 등으로 바꿔 말하도록 합니다.

어 휘

твоя́
[뜨바야 tvaja]
(대명사) 너의

ма́ма
[마마 mama]
(여성) 엄마

лю́бит
[류빌 ljubit]
(동사) 좋아하다

не
[니 ni]
안 (~하다), 부정소사

пла́вание
[쁠라바니에 plavanie]
(중성) 수영

моя́
[마야 maja]
(대명사) 나의

то́же
[또줴 tozhe]
(부사) 역시

문형

주어[소유대명사 여성 명사 여성]-타동사-목적어

Твоя́	ма́ма	лю́бит	пла́вание	?
너의	엄마는	좋아하시니?	수영을	

Моя́	ма́ма	лю́бит	пла́вание	.
나의	엄마는	좋아하신다.	수영을	

연습문제

1. 친구가 수영을 좋아하는지 확인하세요.

예 Ты лю́бишь пла́вание?

Нет, я не люблю́ пла́вание. А ты?

Я люблю́.

2. 친구의 가족이나 친지가 운동을 좋아하는지 확인해 보세요.

남성	твой па́па 너의 아빠 뜨보이 빠빠	твой брат 너의 남자형제 뜨보이 브랕
	мой па́па 나의 아빠 모이 빠빠	мой брат 나의 남자형제 모이 브랕
	твой друг 너의 친구 뜨보이 드룩	твой де́душка 너의 할아버지 뜨보이 제두쉬까
	мой друг 나의 친구 모이 드룩	мой де́душка 나의 할아버지 모이 제두쉬까
여성	твоя́ ма́ма 너의 엄마 뜨바야 마마	твоя́ сестра́ 너의 여자형제 뜨바야 씨쓰뜨라
	моя́ ма́ма 나의 엄마 마야 마마	моя́ сестра́ 나의 여자형제 마야 씨쓰뜨라
	твоя́ подру́га 네 친구 뜨바야 빠드루가	твоя́ ба́бушка 너의 할머니 뜨바야 바부쉬까
	моя́ подру́га 내 친구 마야 빠드루가	моя́ ба́бушка 나의 할머니 마야 바부쉬까

подру́га는 성별이 여자인 친구를 뜻하며 우리말의 여자 친구의 의미로는 де́вушка를 씁니다:
моя́ де́вушка '내 여자 친구' vs. моя́ подру́га '(여자인) 내 친구'

예 Твой па́па лю́бит гольф?
Нет, мой па́па не лю́бит гольф. А твой па́па?
Мой па́па то́же не лю́бит гольф.

те́ннис떼니스 테니스, дзюдо́쥬도 유도, борьба́바리바 레슬링, гимна́стика김나쓰찌까 체조, бейсбо́л베이즈볼 야구, баскетбо́л바쓰낃볼 농구, волейбо́л발레이볼 배구, хокке́й하께이 하키, шорттре́к쇼트뜨렉 쇼트트랙, бокс복쓰 권투

러시아의 도시

모스크바 Москвá 마쓰끄바

러시아의 수도입니다. 면적은 878,7㎢로서 서울의 약 1.5배이며, 인구는 약 1,200만 명으로 서울의 인구와 비슷합니다. 모스크바의 물가는 2011년을 기준으로 세계주요 144개의 도시 중 4위였습니다. 한국과의 시차는 − 6시간인데 서머타임기간인 여름에는 − 5시간입니다.

52. 주거형태(아파트 또는 주택)

☺ Ты живёшь в кварти́ре?
뜨이 쥐보쉬 프끄바르찌레

☻ Да, я живу́ в кварти́ре. А ты?
다 야 쥐부 프끄바르찌레 아 뜨이

☺ Я живу́ в до́ме.
야 쥐부 브도메

너는 아파트에서 사니?

응, 나는 아파트에서 살아. 그런데 너는?

나는 주택에서 살아.

어휘

живёшь [쥐보쉬 zhivjosh]	(동사) 산다 жить의 단수 2인칭 현재
в [브 + 유성음, 프 + 무성음]	(전치사) 안에서 전치격 지배
кварти́ре [끄바르찌레 kvartire]	(여성) 아파트 (안에서) кварти́ра의 전치격
живу́ [쥐부 zhivu]	(동사) 산다. жить의 단수 1인칭 현재
до́ме [도메 dome]	(남성) 집, 주택 (안에서) дом의 전치격

✓ 주격과 전치격의 어미가 어떻게 다른지 비교하세요.

	주격	в + 전치격	의미
남성	дом	в до́ме	주택 (안)에서
여성	кварти́ра	в кварти́ре	아파트 (안)에서

✓ 동사 жить ‘살다’ 현재변화형

<table>
<tr><td>단수1인칭</td><td colspan="2">Я</td><td>живý</td><td>-у</td></tr>
<tr><td rowspan="2">단수2인칭</td><td>친밀한 관계</td><td>ты</td><td>живёшь</td><td>-ёшь</td></tr>
<tr><td>공식적 관계</td><td>Вы</td><td>живёте</td><td>-ёте</td></tr>
<tr><td>단수3인칭</td><td colspan="2">он/онá</td><td>живёт</td><td>-ёт</td></tr>
</table>

문형

주어-동사-장소 전치사구 [в 장소전치격]

Ты	живёшь	**в квартúре**	?
너는	사니?	아파트에서	

Я	живý	**в квартúре**	.
나는	산다.	아파트에서	

연습문제

1. 친구의 주거 형태를 확인해 보세요.

예 Ты живёшь в квартúре?
Да, я живý в квартúре. А ты?
Я живý в дóме.

53. 주거시설 만족도

☺ Тебе́ нра́вится твоя́ кварти́ра?
찌베 느라비짜 뜨바야 끄바르찌라

☻ Да, мне нра́вится моя́ кварти́ра. А тебе́?
다 므네 느라비짜 마야 끄바르찌라 아 찌베

☺ Мне то́же нра́вится мой дом.
므네 또줴 느라비짜 모이 돔

너는 너의 아파트가 마음에 드니?

응, 나는 우리 아파트가 마음에 들어. 그런데 너는?

나 역시 우리 집이 마음에 들어.

어휘

тебе́ [찌베 tibe]	(소유대) 너에게; 너는 ты의 여격
нра́вится [느라비짜 nravitsa]	(동사) 마음에 들다 нра́виться의 단수 3인칭 현재
твоя́ [뜨바야 tvaja]	(소유대) 너의 твой의 여성
мне [므네 mne]	(소유대) 나에게 я의 여격
моя́ [마야 maja]	(소유대) 나의 мой의 여성

✓ 명사와의 성·수·격 일치에서 소유 대명사 어미를 비교하세요.

	소유대명사	명사	의미
남성	**мой** 모이	дом 돔	나의 집
	твой 뜨보이		너의 집
	свой 쓰보이		자신의 집
여성	**моя́** 마야	кварти́ра 끄바르찌라	나의 아파트
	твоя́ 뜨바야		너의 아파트
	своя́ 쓰바야		자신의 아파트

✓ 인칭대명사 주격과 여격을 비교하세요.

		주격	여격	
1인칭 단수		я야 내가	мне므네 나에게는	нра́вится 느라비짜 마음에 든다
2인칭 단수	진밀한 관계	ты뜨이 네가	тебе́찌베 너에게는	
	공식적 관계	Вы브이 당신이	вам밤 당신에게는	
3인칭 단수		он온 그가	ему́이무 그에게는	
		она́아나 그녀가	ей예이 그녀에게는	

문 형

사람여격 нра́вится 사물주격

누구에게는 무엇이 마음에 든다 ⇨ 누구는 무엇이 마음에 든다

Тебе́	нра́вится	твоя́	кварти́ра	?
너는	마음에 드니?	너의	아파트가	

Мне	нра́вится	моя́	кварти́ра	.
나는	마음에 든다.	나의	아파트가	

нравится 구문은 직역하면 '어떤 물건이 누구에게 마음에 들다'이지만 '누구는 무엇이 마음에 든다'로 해석하는 것이 한국어 표현에 더 적합합니다.

연 습 문 제

1. 친구가 자신의 집이나 아파트에 대해서 만족하는지 확인하세요.

예 Тебе́ нра́вится твоя́ кварти́ра?

Да, мне нра́вится моя́ кварти́ра. А тебе́?

Мне то́же нра́вится мой дом.

러시아의 도시

노보시비르스크 Новосиби́рск 나바씨비르쓰끄

'노보시비르스크'란 '새로운(노보) 시베리아(시비르스크)'란 뜻으로 시베리아가 본격적으로 개발되면서 생겨난 도시 중 가장 현대화되고 국제화된 도시입니다. 1925년까지는 노보니콜라예프스크라고 불렸으나, 그 후 노보시비르스크라고 개칭되었습니다. 1893년 시베리아 철도가 오비 강을 횡단하는 지점에 소도시가 생긴 것에서 비롯되며, 그 뒤 농산물의 유통, 교통의 중심지로 발달하였습니다. 그러나 시의 발전은 혁명 후 시베리아 개발에 따라 급속한 진전을 보여, 현재 시베리아 최대의 공업도시를 이루고 있습니다. 또한 러시아 최고 수준의 심포니 오케스트라를 가진 양질의 음악 문화를 가진 예술 도시로 유명합니다.

54. 가족의 흡연

☺ Извини́, твой па́па ку́рит?
이즈니비 뜨보이 빠빠 꾸릴

☻ Нет, мой па́па не ку́рит. А твой па́па?
녵 모이 빠빠 니꾸릴 아 뜨보이 빠빠

☺ Мой па́па ку́рит.
모이 빠빠 꾸릴

미안한데, 너의 아빠 담배 피시니?
아니, 우리 아빠는 담배 안 피셔. 그런데 너의 아빠는?
우리 아빠는 피셔.

어휘

извини́ [이즈비니 izvini]	(동사) 용서해라, 미안하다. извини́л의 단수 명령형
твой [뜨보이 tvoj]	(소유대) 너의
ку́рит [꾸릴 kurit]	(동사) 담배 피다 ку́рить의 단수 3인칭 현재
мой [모이 moj]	(소유대) 나의

✓동사 кури́ть '담배 피다' 현재변화형

단수1인칭	Я		курю́	**-ю**
단수2인칭	친밀한 관계	ты	ку́ришь	**-ишь**
	공식적 관계	Вы	ку́рите	**-ите**
단수3인칭	он/она́		ку́рит	**-ит**

문형

주어[소유대명사남성 명사남성]-자동사

Извини́,	твой	па́па	ку́рит	?
미안한데,	너의	아빠는	담배 피우시니?	

Мой	па́па	ку́рит	.
나의	아빠는	담배 피우셔.	

연습문제

1. 친구의 가족과 친지가 담배를 피우는지 확인해 보세요.

예 Извини́, твой па́па ку́рит?
Нет, мой па́па не ку́рит. А твой па́па?
Мой па́па ку́рит.

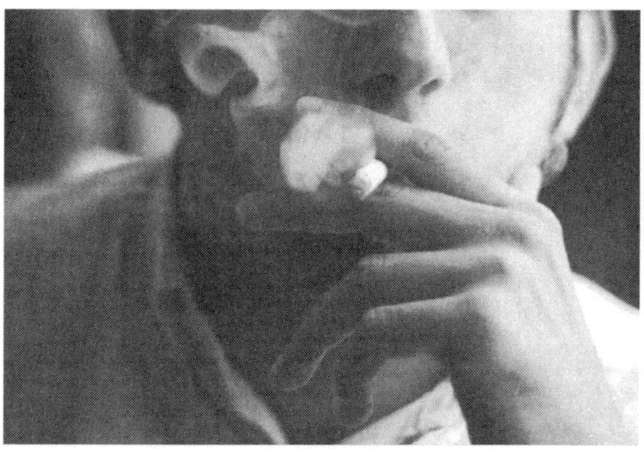

55. 가족의 음주

☺ Извини́, твоя́ ма́ма пьёт?

☻ Да, иногда́ она́ пьёт. А твоя́ ма́ма?

☺ Моя́ ма́ма не пьёт.

미안한데, 너의 엄마는 술 마시니?

응, 엄마는 가끔 술을 마시셔. 그런데 너의 엄마는?

우리 엄마는 술을 마시지 않으셔.

'우리'라는 표현은 우리말에서 나타나는 독특한 현상으로 우리말의 '우리 엄마', '우리 가족' 등은 러시아어로 '나의 엄마', '나의 가족' 등으로 바꿔 말하도록 합니다.

어휘

извини́ [이즈비니 izvini]	(동사) 용서해라, 미안하다 извини́ть의 단수 명령형
пьёт [삐욭 p'jot]	(동사) (술을) 마시다. пить의 단수 3인칭 현재

✓ 빈도부사

ре́дко레드꺼 드물게, иногда́이나그다 가끔, ча́сто차스떠 자주, всегда́프씨그다 항상

✓ 동사 пить '마시다' 현재변화형

단수1인칭	Я		пью	-ю
단수2인칭	친밀한 관계	ты	пьёшь	-ёшь
	공식적 관계	Вы	пьёте	-ёте
단수3인칭	он/она́		пьёт	-ёт

연습문제

1. 친구의 가족과 친지가 술을 마시는지 확인해 보세요.

예 Твоя́ ма́ма пьёт?
Нет, моя́ ма́ма не пьёт. А твоя́ ма́ма?
Моя́ ма́ма пьёт.

예 Извини́, твой па́па пьёт?
Да, мой па́па иногда́ пьёт. А твой па́па?
Мой па́па то́же иногда́ пьёт.

56. 자동차 소유여부

☺ У тебя́ есть маши́на?
☻ Нет, у меня́ нет маши́ны. А у тебя́?
☺ У меня́ то́же нет маши́ны.

너는 자동차가 있니?
아니, 나는 자동차가 없어. 그런데 너는?
나도 자동차가 없어.

어휘

у [우 u]	(전치사) ~에게; ~는 생격 지배
тебя́ [찌뱌 tibja]	(대명사) 너 ты의 생격
У тебя́ [우찌뱌 utibja]	너에게는; 너는
быть [븨찌 byt']	(동사) 있다 존재를 나타내는 동사의 미정형
нет [녵 net]	① 아니다, да의 반의어로 사용된다. ② 없다, есть의 반의어로 사용된다.
маши́на [마쉬나 mashina]	(여성) 자동차
меня́ [미냐 minja]	(대명사) 나 я의 생격
маши́ны [마쉬늬 mashiny]	(여성) 자동차 маши́на의 생격

✓ есть와 нет를 구별하여 비교해 보세요.

Да ⇋ Нет	긍정 (그렇다) ⇋ 부정 (아니다)
есть ⇋ нет	존재 (있다) ⇋ 부재 (없다)

Тебя́ зову́т Мин-Су? Да, меня́ зовут Мин-Су. '그래, 나는 민수야'
Нет, меня́ зовут Су-Мин. '아니, 나는 수민이야'
У тебя́ есть слова́рь? Да, есть. '응, 있어'
Нет, у меня́ нет словаря́. '아니, 나는 사전이 없어'

✓ 사물의 존재와 부재를 나타내는 경우에 명사 사물의 어미변화를 비교하세요.

사물의 존재(주격)	есть маши́на	자동차가 있다
사물 존재의 부정(생격)	нет маши́ны	자동차가 없다

문형

У 사람생격 есть 사물주격? У 사람생격 есть 사물주격.
У 사람생격 нет 사물생격.

У тебя́	есть	маши́на	?
너는	있니?	자동차가	

У меня́	есть	маши́на	.
나는	있다.	자동차가	

У меня́	нет	маши́ны	.
나는	없다.	자동차가(부정생격)	

✅ 생격의 사용

У 사람생격

у	меня́ 우미냐	есть 사물 нет 사물
	тебя́ 우찌뱌	
	вас 우바스	
	него́ 우니보	
	неё 우니요	

존재주격(есть 사물주격) vs. 부정생격 (нет 사물생격)

есть 사물주격	есть журна́л есть кни́га есть я́блоко	нет 사물생격	нет журна́лА нет кни́гИ нет я́блокА

연습문제

1. 친구에게 자동차가 있는지 확인해 보세요.

예 У тебя́ есть маши́на?
Нет, у меня́ нет маши́ны. А у тебя́?
У меня́ то́же нет маши́ны.

러시아의 도시

하바로브스크 Хаба́ровск 하바랍스끄

아무르 강 지역의 도시로 1858년 5월 18일 러시아 군대가 중국과의 국경지역에서 자국민을 보호하기 위해 정착하면서 도시가 형성되었습니다. 도시이름은 1649년 최초로 아무르 강을 개척한 하바로브의 이름을 따서 명명하였습니다. 1880년 4월 28일 하바로브스크는 시로 승격되었으며 시베리아횡단철도가 건설됨에 따라 급속히 성장하여 극동지역의 행정중심지로 발돋움하게 되었습니다.

57. 운전 여부

☺ Ты во́дишь маши́ну?

☻ Нет, я не вожу́ маши́ну. А ты?

☺ Я то́же не вожу́ маши́ну.

너 자동차 운전 하니?

아니, 나는 자동차 운전 안 해. 그런데 너는?

나도 운전 안 해.

어휘

во́дишь [보지쉬 vodish]	(동사) 운전하다 води́ть의 단수 2인칭 현재
маши́ну [마쉬누 mashinu]	(여성) 자동차 маши́на의 목적격
вожу́ [바주 vazhu]	(동사) 운전하다 води́ть의 단수 1인칭 현재

차종에 관한 어휘들

мотоци́кл,	авто́бус,	метро́,	грузови́к,	спорти́вный автомоби́ль
마따찌끌	앞또부쓰	미뜨로	그루자빅	쓰빠르찌브늬 앞또마빌
오토바이	버스	지하철	트럭	스포츠카

по́езд,	вэн,	маши́на "Ско́рой по́мощи",	лимузи́н,	джип
뽀이쓰뜨	벤	마쉬나 "쓰꼬라이 뽀머시"	리무진	짚
기차	승합차	구급차(앰블런스)	리무진	다목적승용차

✓ 동사 води́ть '운전하다' 현재변화형

단수1인칭	Я		вожу́바주	-у
단수2인칭	친밀한 관계	ты	во́дишь보지쉬	-ишь
	공식적 관계	Вы	во́дите보지쩨	-ите
단수3인칭	он/она́		во́дит보질	-ит

✓ 여성명사 주격과 목적격 어미를 비교해 보세요.

주격(주어)	목적격(목적어)
маши́на마쉬나 자동차가	маши́ну마쉬누 자동차를
вода́바다 물이	во́ду보두 물을

문형

주어-타동사-목적어: води́ть

Ты	во́дишь	маши́ну	?
너는	운전하니?	자동차를	

Я	вожу́	маши́ну	.
나는	운전한다.	자동차를	

연습문제

1. 친구가 자동차를 운전하는지 확인해 보세요.

예 Ты во́дишь маши́ну?

Да, я вожу́ маши́ну. А ты?

Я не вожу́ маши́ну.

2. 친구의 가족 친지가 자동차 운전을 하는지 확인해 보세요.

남성	твой па́па 너의 아빠	твой брат 너의 남자형제
	мой па́па 나의 아빠	мой брат 나의 남자형제
	твой друг 너의 친구	твой де́душка 너의 할아버지
	мой друг 나의 친구	мой де́душка 나의 할아버지
여성	твоя́ ма́ма 너의 엄마	твоя́ сестра́ 너의 여자형제
	моя́ ма́ма 나의 엄마	моя́ сестра 나의 여자형제
	твоя́ подру́га 네 친구	твоя́ ба́бушка 너의 할머니
	моя́ подру́га 내 친구	моя́ ба́бушка 나의 할머니

подру́га는 성별이 여자인 친구를 뜻하며 우리말의 여자 친구의 의미로는 де́вушка를 씁니다:
моя́ де́вушка '내 여자 친구' vs. моя́ подру́га '(여자인) 내 친구'

예 Твой па́па во́дит маши́ну?

Да, мой па́па во́дит мащи́ну. А твой па́па?

Мой па́па то́же во́дит маши́ну.

러시아 풍경

58. 엄마의 운전과 차량 소유

☺ Твоя́ ма́ма во́дит маши́ну?

☻ Нет, моя́ ма́ма не во́дит маши́ну. А твоя́ ма́ма?

☺ Моя́ ма́ма во́дит маши́ну.

☻ У неё есть маши́на?

☺ Да, у неё есть маши́на.

너의 엄마는 자동차 운전을 하시니?

아니, 우리 엄마는 운전을 하시지 않아. 그런데 너의 엄마는?

우리 엄마는 자동차를 운전하셔.

너의 엄마는 자동차가 있으시니?

응, 우리 엄마는 자동차가 있으셔.

러시아어에서는 한 번 언급한 사람은 인칭대명사로 표현합니다. 그러나 우리말에서는 대명사 표현이 덜 쓰이는 경향이 있어 한 번 언급한 사람이라도 반복해서 사용합니다. 러시아어를 우리말로 혹은 우리말을 러시아어로 바꿔 말할 때 대명사에 주의하세요. (моя́ ма́ма → у неё ~)

어휘

твоя́ [뜨바야 tvaja] (소유대) 너의

ма́ма [마마 mama] (여성) 엄마

во́дит [보질 vodit] (동사) (차를) 운전하다

маши́ну [마쉬누 mashinu] (여성) 자동차를

моя́ [마야 maja] (소유대) 나의

у неё
[우니요 unijo]
그녀에게는, 그녀는

есть
[에쓰찌 est']
(동사) 있다
반대말은 нет '없다'

문형

У 사람생격 есть 사물

у	меня 우미냐	есть + 사물	나는 N이 있다.
	тебя́ 우찌뱌		너는 N이 있다.
	вас 우바스		당신은 N이 있다.
	него́ 우니보		그는 N이 있다.
	неё 우니요		그녀는 N이 있다.

У	неё	есть	маши́на	?
그녀는		있니?	자동차가	

У	неё	есть	маши́на	.
그녀는		있다.	자동차가	

У	неё	нет	маши́ны	.
그녀는		없다.	자동차가	

연습문제

1. 친구의 가족 친지가 자동차를 운전하는지 또 자동차를 소유하고 있는지 확인하세요.

예 Твоя́ сестра́ во́дит маши́ну?
Нет, моя́ сестра́ не во́дит маши́ну. А твоя́ сестра́?
Моя́ сестра́ во́дит маши́ну.
У неё есть маши́на?
Да, у неё есть маши́на.

59. 아빠의 운전 여부와 차종

☺ Твой пáпа вóдит маши́ну?
☻ Да, он вóдит маши́ну. А твой пáпа?
☺ Мой пáпа тóже вóдит маши́ну.
☻ У негó есть маши́на?
☺ Да, у негó есть маши́на.
☻ Какáя у негó маши́на?
☺ У негó Avante.

너의 아빠는 자동차를 운전하시니?
응, 우리 아빠는 자동차를 운전하셔. 그런데 너의 아빠는?
우리 아빠도 자동차를 운전하셔.
너의 아빠는 자동차가 있으시니?
응, 우리 아빠는 자동차가 있으셔.
어떤 자동차를 갖고 계시니?
Avante를 가지고 계셔.

러시아어에서는 한 번 언급한 사람은 대명사로 바꿔 표현합니다.(мой пáпа → у негó~)

어휘

твой пáпа [뜨보이 빠빠 tvoj papa]	너의 아빠
вóдит [보짇 vodit]	(동사) (차를) 운전하다
маши́ну [마쉬누 mashinu]	(여성) 자동차를
мой пáпа [모이 빠빠 moj papa]	나의 아빠

у него́ 그에게는; 그는
[우니보 univo]

есть (동사) 있다
[에쓰찌 est']

маши́на (여성) 자동차
[마쉬나 mashina]

кака́я (의문대) 어떤
[까까야 kakaja]

кака́я маши́на 어떤 자동차
[까까야 마쉬나 kakaja mashina]

✓ кака́я + 여성명사: 어떤 ~ 가

кака́я маши́на	어떤 자동차가
кака́я вода́	어떤 물이

문형

✓ есть의 생략: У 사람생격 ЕСТЬ 사물 ⇨ какая 사물여성 (ЕСТЬ) у 사람생격

У него́	есть	маши́на	?
그는	있니?	자동차가	

У него́	есть	маши́на	.
그는	있다.	자동차가	

Кака́я	у него́		маши́на	?
어떤	그는	있니?	자동차가	

У него́		Avante	.
그는	있다.	Avante 자동차가	

© '있는지, 없는지'가 궁금할 때는 есть가 사용되지만 존재 여부가 아니라 어떤 종류가 있는지가 궁금할 때에는 есть를 사용하지 않습니다.

연습문제

1. 친구의 아버지가 운전을 하시는지 또 소유하고 있는 차종은 무엇인지 확인해 보세요.

예 Твой па́па во́дит маши́ну?
Да, он во́дит маши́ну. А твой па́па?
Мой па́па то́же во́дит маши́ну.
У него́ есть маши́на?
Да, у него́ есть маши́на.
Кака́я у него́ маши́на?
У него́ Avante.

2. 친구의 가족과 친지가 운전을 하는지 또 소유하고 있는 차종은 무엇인지 확인해 보세요.

예 Твоя́ ба́бушка во́дит маши́ну?
Да, она́ во́дит маши́ну. А твоя́ ба́бушка?
Моя́ ба́бушка то́же во́дит маши́ну.
У неё есть маши́на?
Да, у неё есть маши́на.
Кака́я у неё маши́на?
У неё Sonata.

러시아의 관광지

바실리 대성당 Храм Покрóва Бóжией Мáтери 흐람 빠끄로바 보쥐에이 마찌리
(Собóр Васи́лия Блажéнного 싸보르 바씰리야 블라쉔너버)

모스크바 붉은 광장에 위치한 대성당입니다. 이반 4세가 몽고를 물리친 기념으로 1555~1560년에 세워서, 승리의 중개자인 성모마리아에게 바친 것입니다. 목조교회당의 전통적 형식에 따라 만든 석조 건축물로 양파모양의 첨탑은 러시아 교회당의 특징입니다. 바실리 대성당의 첨탑은 모스크바를 상징하는 대표적인 건축양식입니다.

60. 차량의 대소

☺ Grandeur — большáя машúна?
☻ Я дýмаю, что Grandeur большáя машúна.
☺ Morning — большáя машúна?
☻ Нет, Morning — мáленькая машúна.

Grandeur는 대형차니?
나는 Grandeur가 대형차라고 생각해.
Morning은 대형차니?
아니, Morning은 소형차야.

어휘

большáя [발쇠야 bal'shaja]	(형용사) 커다란, 큰
машúна [마쉬나 mashina]	(여성) 자동차
большáя машúна [발쇠야 마쉬나 bal'shaja mashina]	대형차
дýмаю [두마유 dumaju]	(동사) 생각하다 дýмать의 단수 1인칭 현재
что [쉬또 shto]	(접속사) 명사절을 이끄는 접속사 영어에서의 that 명사절과 유사
мáленькая [말린까야 malin'kaja]	(형용사) 작은
Б.У. [베우 be-u]	중고 бы́вший в употреблéнии '사용했던 적이 있는'의 약자지만 지금은 '중고'라는 뜻의 명사처럼 사용됩니다.
бэýшная [베우쉬나야 beushnaja]	(형용사) 중고의 бэýшная машúна 중고차

✓ 동사 дýмать '생각하다' 현재변화형

단수1인칭	Я		дýмаю	-ю
단수2인칭	친밀한 관계	ты	дýмаешь	-ешь
	공식적 관계	Вы	дýмаете	-ете
단수3인칭	он/онá		дýмает	-ет

✓ 형용사와 명사의 일치 : 주격

형용사 여성 단수 주격	명사 여성 단수 주격
больш**áя**	маши́н**а**
мáленьк**ая**	маши́н**а**

형용사 어휘들

нóвый 노븨, стáрый 쓰따릐, хорóший 하로쉬, плахóй 쁠라호이, краси́вый 끄라씨븨,
새로운 낡은 좋은 나쁜 예쁜
некраси́вый 니끄라씨븨, большóй 발쇼이, небольшóй 니발쇼이, высóкий 븨쏘끼,
예쁘지 않은 커다란 크지 않은 높은
ни́зкий 니쓰끼, лёгкий 료흐끼, тяжёлый 찌졸릐
낮은 가벼운 무거운

문형

✓ 주어 — 술어

Grandeur	—	большáя	маши́на	?
Grandeur 자동차는	이니?	커다란	자동차	

ⓒ 러시아어에서 '이다'는 생략되거나 тире[찌레 tire]라는 부호 '—'로 표시됩니다.

✓ Я ду́маю, что 주어 - 술어

Я ду́маю,	что	Grandeur — больша́я маши́на	.
나는 생각한다.	~라고	Grandeur는 큰 자동차이다	

연습문제

1. 친구의 가족이나 친지가 소유한 자동차가 대형больша́я, 중형сре́дняя쓰레드냐야, 소형ма́ленькая 중에 어디에 속하는지 확인하세요.

예 Твой па́па во́дит маши́ну?
Да, он во́дит маши́ну.
Кака́я у него́ маши́на?
У него́ SONATA.
SONATA - больша́я маши́на?
Я ду́маю, что SONATA - больша́я маши́на.

러시아의 관광지

노보데비치 수도원 Новоде́вичий монасты́рь 나바제비치 마나쓰띄리

모스크바에 위치한 이 수도원은 1524년 모스크바 대공(大公) 바실리 3세가 폴란드령이었던 스몰렌스크를 탈환하자 이를 기념하여 건립한 것입니다. 표트르 1세의 이복누이인 소피아 공주가 감금되기도한 이곳은 1922년 박물관으로 지정되었습니다. 또한 이곳에는 안톤 체홉, 고골, 마야코프스키 등 많은 유명인들의 묘가 있습니다.

둘째 이야기:

'애물(愛物) 단지' 이야기

Вторы́е разгово́ры. Разгово́ры о люби́мых веща́х.

프따릐에 라즈가보릐 라즈가보릐 알류비믜흐 비샤흐

우리말 애물단지(ве́щи беспоко́йства)는 걱정거리를 뜻합니다. 여기서는 한자를 이용한 말놀이로 좋아하는 물건이라는 뜻의 '애물(люби́мые ве́щи)'를 가리킵니다.

61. 휴대폰 소유, 종류, 고가 여부

У тебя́ есть моби́льный телефо́н?
Да, у меня́ есть моби́льный телефо́н.
Како́й у тебя́ моби́льный телефо́н?
У меня́ телефо́н Iphone.
Он дорого́й?
Да, дорого́й.

62. 휴대폰 가격(1)

Ско́лько сто́ит телефо́н Iphone?
Он сто́ит 500,000 (пятьсо́т ты́сяч) вон.
Тебе́ нра́вится Iphone?
Да, мне нра́вится Iphone.

63. 휴대폰 번호

Скажи́ свой но́мер телефо́на.
Мой но́мер 011- 1660- 3317. А твой?
(ноль, оди́ннадцать, шестна́дцать, шестьдеся́т, три́дцать три, семна́дцать)

Мой но́мер 011-9902-1551.
(ноль, оди́ннадцать, девяно́сто де́вять, ноль два, пятна́дцать, пятьдеся́т оди́н)

64. 러·한 / 한·러 사전 소유 여부

У тебя́ есть ру́сско-коре́йский слова́рь?
Да, у меня́ есть ру́сско-коре́йский слова́рь. А у тебя́?
У меня́ нет словаря́.
У тебя́ есть коре́йско-ру́сский слова́рь?
Нет, у меня́ нет словаря́. А у тебя́?
У меня́ есть коре́йско-ру́сский слова́рь.

65. 지갑 소유와 색깔

У тебя́ есть кошелёк?
Да, есть.
У тебя́ чёрный кошелёк?
Да, чёрный кошелёк. А у тебя́?
У меня́ нет кошелька́.

66. 휴대폰 가격(2)

У тебя́ есть моби́льный телефо́н?
Да, есть.
Ско́лько сто́ит твой телефо́н?
Мой телефо́н бестпла́тный. Компа́ния подари́ла мне. А твой?
Мой телефо́н сто́ит 520,000 (пятьсо́т два́дцать ты́сяч) вон.

67. 컴퓨터 가격

У тебя́ есть но́утбук?
Да, у меня́ есть.
Ско́лько сто́ит твой но́утбук?

Он сто́ит оди́н миллио́н шестьсо́т ты́сяч (1,600,000) вон. А у тебя́ есть но́утбук?
Нет, у меня́ нет но́утбука.

68. 공부방의 크기

У тебя́ есть своя́ ко́мната до́ма?
Да, у меня́ есть моя́ ко́мната.
Твоя́ ко́мната больша́я?
Нет, моя́ ко́мната ма́ленькая. А у тебя́ есть ко́мната?
Нет, у меня́ нет свое́й ко́мнаты.

69. 책상의 크기

У тебя́ есть свой стол до́ма?
Да, есть.
Твой стол большо́й или ма́ленький?
Мой стол не большо́й и не ма́ленький. А твой?
Мой стол о́чень ма́ленький.

70. 거울 소지와 빌려 쓰기

У тебя́ есть сейча́с зе́ркало?
Да, есть.
Извини́, дай мне твоё зе́ркало на мину́тку. У меня́ нет.
Я верну́ че́рез де́сять мину́т.
С удово́льствием. Вот моё зе́ркало.
Спаси́бо.

71. 펜 빌리기

Извини́, у тебя́ есть кра́сная ру́чка?
Да, есть.
Извини́, дай ру́чку на мину́тку. Я верну́ че́рез мину́ту.

Хорошó, вот рýчка.
Спасѝбо.
Пожáлуйста.

72. 시계 유무와 시간 묻기

У тебя́ есть часы?
У меня́ нет. Вмéсто часóв у меня́ есть мобѝльный телефóн.
Извинѝ, скóлько сейчáс врéмени?
Сейчáс 10(дéсять) часóв 21(двáдцать однá) минýта.

61. 휴대폰 소유, 종류, 고가 여부

☺ У тебя́ есть моби́льный телефо́н?
☻ Да, у меня́ есть моби́льный телефо́н.
☺ Како́й у тебя́ моби́льный телефо́н?
☻ У меня́ телефо́н Iphone.
☺ Он дорого́й?
☻ Да, дорого́й.

① 너는 휴대폰이 있니?
응, 나는 휴대폰이 있어.
어떤 휴대폰이니?

② 내 휴대폰은 아이폰이야.
그것 비싼 거니?
응, 비싼 거야.

어 휘

моби́льный (형용사) 이동의
[마빌늬 mabil'nyj]

телефо́н (남성) 전화기
[찔리폰 tilifon]

како́й (의문대) 어떤
[까꼬이 kakoj]

он (대명사) 그 사람, 그것
[온 on]

дорого́й (형용사) 값이 비싼, 귀중한
[다라고이 daragoj]

✓ 남성단수 명사와 형용사의 일치에서 형용사의 어미를 비교하세요.

моби́льный	телефо́н	이동전화
дорого́й	телефо́н	비싼 전화
како́й	телефо́н	어떤 전화

➲ 형용사 남성어미 -ый에 강세가 오면 -о́й가 됩니다.

문형

У меня телефон (мой телефон)

Како́й	у тебя́	моби́льный	телефо́н	?
어떤	너는	이동(의)	전화기가	(있니?)

У меня́	телефо́н	Iphone	.
나는	전화기	Iphone	(이다.)

У меня́ телефо́н дорого́й (비교: У меня́ дорого́й телефо́н)
내 전화기는 비싸다 나는 비싼 전화기가 있다.
у меня́ телефо́н Iphone : 나에게 있는 전화기 ⇨ 내 전화기
у меня́ семья́ больша́я: 나에게 있는 가족 ⇨ 내 가족
у меня́ кни́га хоро́шая: 나에게 있는 책 ⇨ 내 책

예 У меня́ телефо́н. vs. У меня́ телефо́н дорого́й.
나는(나에게는) 핸드폰이 있다. 내 핸드폰은 비싸다.

연습문제

1. 친구가 어떤 휴대폰을 가지고 있는지, 그것이 값이 비싼 것인지 확인하세요.

예 У тебя́ есть моби́льный телефо́н?
Да, у меня́ есть моби́льный телефо́н.
Како́й у тебя́ моби́льный телефо́н?
У меня́ телефо́н Iphone.
Он дорого́й?
Да, дорого́й.

62. 휴대폰 가격(1)

☺ Ско́лько сто́ит телефо́н Iphone?

☻ Iphone сто́ит 500,000 (пятьсо́т ты́сяч) вон.

☺ Тебе́ нра́вится Iphone?

☻ Да, мне нра́вится Iphone.

아이폰 전화기는 값이 얼마냐?

아이폰은 50만원이야.

너는 아이폰 전화기가 마음에 드니?

응, 나는 아이폰 전화기가 마음에 들어.

어휘

ско́лько
[쓰꼴꺼 skol'kə]
(의문사) 얼마, 몇

сто́ит
[쓰또잍 stoit]
(동사) 값이 나가다. (가격이 얼마)이다.
сто́ить의 단수 3인칭 현재

вон
[본 von]
(여성) 원, 대한민국 화폐 단위
во́на의 복수 생격

тебе́
[찌베 tebe]
(대명사) 너에게
ты의 여격

мне
[므네 mne]
(대명사) 나에게
я의 여격

нра́вится
[느라비짜 nravitsja]
(동사) 마음에 들다.
нра́виться의 단수 3인칭 현재

✓ 인칭대명사 여격을 주격과 비교해 보세요.

		주격	여격	
1인칭 단수		я 내가	мне므네 나에게	нрáвится 마음에 들다
2인칭 단수	친밀한 관계	ты 네가	тебé찌베 너에게	
	공식적 관계	Вы 당신이	вам밤 당신에게	
3인칭 단수		он 그가	емý이무 그에게	
		онá 그녀가	ей에이 그녀에게	

✓ 원화 가격을 말할 때 수사의 끝자리 수를 기준으로 변화시킵니다. 수사에 따른 가격 (원화)의 형태 변화를 비교해 보세요.

맨 끝자리 수의 가격	가격(원화)	발음
1원	однý вóну	아드누 보누 odnu vonu
2,3,4 원	две вóны три вóны четы́ре вóны	드베 보늬 dve vony 뜨리 보늬 tri vony 치뜨레 보늬 chetyre vony
5원 이상	пять вон	빠찌 본 pjat' von

ⓘ вона(원)는 여성명사이어서 1, 2의 경우, 여성형 одна, две가 사용됩니다. 그 외의 수에서는 성의 구별이 없어요.

✓ 수사 뒤 달러의 격변화를 원화의 경우와 비교해 보세요.

맨 끝자리 수의 가격	가격(달러화)	발음
1달러	оди́н дóллар	아진 돌라르 odin dolar
2,3,4달러	два дóллара три дóллара четы́ре дóллара	드바 돌라라 dva dolara 뜨리 돌라라 tri dolara 치뜨레 돌라라 chetyre dolara
5달러 이상	пять дóлларов	빠찌 돌라러프 pjat' dolarəf

ⓘ доллар(dollar)는 남성명사여서 1, 2의 경우, 남성형 один, два가 사용됩니다

문 형

① 사람여격 + нра́вится + 사물주격

Тебе	нра́вится	телефо́н Iphone	?
너(에게)는	마음에 드니?	아이폰 전화기가	

Мне	нра́вится	телефо́н Iphone	.
나(에게)는	마음에 든다.	아이폰 전화기가	

② Ско́лько сто́ит 사물? 사물 сто́ит 가격

Ско́лько	сто́ит	телефо́н	?
얼마나	가격이 나가니?	전화기는	

Телефо́н	сто́ит	500,000 вон	.
전화기는	가격이 나간다.	50만원	

✓ 수사(1만원—102만원)

가격	сто́ит + 가격	가격	сто́ит + 가격
1만원 (10,000)	де́сять ты́сяч вон 제씨찌 띄씨치 본	34만원 (340,000)	три́ста со́рок ты́сяч вон 뜨리쓰따 쏘럭 띄씨치 본
2만원 (20,000)	два́дцать ты́сяч вон 드밭짜찌 띄씨치 본	40만원 (400,000)	четы́реста ты́сяч вон 치띄레쓰따 띄씨치 본
3만원 (30,000)	три́дцать ты́сяч вон 뜨릳짜찌 띄씨치 본	45만원 (450,000)	четы́реста пятьдеся́т ты́сяч вон 치띄레쓰따 삗지쌷 띄씨치 본
4만원 (40,000)	со́рок ты́сяч вон 쏘럭 띄씨치 본	50만원 (500,000)	пятьсо́т ты́сяч вон 삗쏱 띄씨치 본
5만원 (50,000)	пятьдеся́т ты́сяч вон 삗지쌷 띄씨치 본	56만원 (560,000)	пятьсо́т шестьдеся́т ты́сяч вон 삗쏱 쉬쓰지지쌷 띄씨치 본
6만원 (60,000)	шестьдеся́т ты́сяч вон 쉬쓰지지쌷 띄씨치 본	60만원 (600,000)	шестьсо́т ты́сяч вон 쉬쓰찌쏱 띄씨치 본
7만원 (70,000)	се́мьдесят ты́сяч вон 쎔지쌷 띄씨치 본	67만원 (670,000)	шестьсо́т се́мьдесят ты́сяч вон 쉽솥 셈지쌷 띄씨치 본
8만원 (80,000)	во́семьдесят ты́сяч вон 보씸지쌷 띄씨치 본	70만원 (700,000)	семьсо́т ты́сяч вон 씸쏱 띄씨치 본
9만원 (90,000)	девяно́сто ты́сяч вон 지비노쓰떠 띄씨치 본	78만원 (780,000)	семьсо́т во́семьдесят ты́сяч вон 씸쏱 보씸지쌷 띄씨치 본
10만원 (100,000)	сто ты́сяч вон 쓰또 띄씨치 본	80만원 (800,000)	восемьсо́т ты́сяч вон 바씸쏱 띄씨치 본
11만원 (110,000)	сто де́сять ты́сяч вон 쓰또 제씨찌 띄씨치 본	89만원 (890,000)	восемьсо́т девяно́сто ты́сяч вон 바씸쏱 지비노쓰떠 띄씨치 본
12만원 (120,000)	сто два́дцать ты́сяч вон 쓰또 드밭짜찌 띄씨치 본	90만원 (900,000)	девятьсо́т ты́сяч вон 지빋쏱 띄씨치 본
20만원 (200,000)	две́сти ты́сяч вон 드베쓰찌 띄씨치 본	91만원 (910,000)	девятьсо́т де́сять ты́сяч вон 지빋쏱 제씨찌 띄씨치 본
23만원 (230,000)	две́сти три́дцать ты́сяч вон 드베쓰찌 뜨릳짜찌 띄씨치 본	100만원 (1,000,000)	миллио́н вон 밀리온 본
30만원 (300,000)	три́ста ты́сяч вон 뜨리쓰따 띄씨치 본	102만원 (1,020,000)	миллио́н два́дцать ты́сяч вон 밀리온 드밭짜찌 띄씨치 본

연습문제

1. 친구의 휴대폰 가격이 얼마인지 확인해 보세요.

예 Ско́лько сто́ит твой телефо́н?

Мой телефо́н сто́ит 300,000 (три́ста ты́сяч) вон. А твой телефо́н?

Мой телефо́н сто́ит 450,000 (четы́реста пятьдеся́т ты́сяч) вон.

2. 친구가 휴대폰을 마음에 들어하는지 확인해 보세요.

예 Тебе́ нра́вится твой моби́льный телефо́н?

Да, мне нра́вится мой моби́льный телефо́н. А тебе́?

Мне не нра́вится мой моби́льный телефо́н.

Он ста́рый телефо́н.

어휘

ста́рый [쓰따릐 staryj] 오래된

но́вый [노븨 novyj] 새로운

러시아의 관광지

이삭 성당 Исаа́киевский собо́р 이싸아끼잎쓰끼 싸보르

페테르부르크에 위치한 이삭성당은 러시아 정교회 사원 중 가장 큰 성당입니다. 이 대성당은 프랑스 건축가 몽펠랑의 설계와 지도에 따라 1818년부터 40년간에 걸쳐 건축되었습니다. 이삭 성당의 내부는 다양하고 값비싼 대리석으로 이루어져 있으며 다양한 색깔의 벽화와 생생한 회화들로 꾸며져 있습니다. 19세기 중기에 해당하는 150점의 회화들은 러시아 회화 분야에서 높은 위치를 차지하고 있습니다.

6 3 . 휴대폰 번호

☺ Скажи́ свой но́мер телефо́на.
☻ Мой но́мер 011- 1660- 3317. А твой?
(ноль, оди́ннадцать, шестна́дцать, шестьдеся́т, три́дцать три, семна́дцать)
☺ Мой но́мер 011-9902-1551.
(ноль, оди́ннадцать, девяно́сто де́вять, ноль два, пятна́дцать, пятьдеся́т оди́н)

자기 전화번호를 말해 봐.
내 번호는 011-1660-3317이야. 그런데 네 번호는?
내 번호는 011-9902-1551이야.

어 휘

скажи́ [쓰까쥐 skazhi]	(동사) 말해라 сказа́ть의 단수 명령형
свой [쓰보이 svoj]	(재귀대) 자기 자신의
но́мер [노미르 nomir]	(남성) 번호
телефо́на [찔리포나 tilifona]	(남성) 전화기 телефо́н의 생격

✓ 남성 명사 주격 vs. 생격

명사 주격(남성)	명사 생격(남성)	의미
телефóн 전화기	телефóна	전화기의
дом 집	дóма	집의

🔍 문형

사물들 간의 꾸밈 관계: 명사 + 명사생격

Скажи́	свой	нóмер	телефóна	.
말해라	자신의	번호를	전화의	

Мой	нóмер	телефóна	011-1660-3317	.
나의	번호는	전화의	011-1660-3317이다.	

러시아에서 전화번호는 두 자리씩 끊어서 읽어요. 011-1660-3317은 0-11-16-60-33-17 (ноль, оди́ннадцать, шестна́дцать, шестьдеся́т, три́дцать три, семна́дцать)와 같이 말합니다.

✓ 자주 쓰는 수사

1	оди́н	adin아진	20	два́дцать	dvatsat'드밭짜찌
2	два	dva드바	30	три́дцать	tritsat'뜨릳짜찌
3	три	tri뜨리	40	со́рок	sorək쏘렄
4	четы́ре	chityre치띄레	50	пятьдеся́т	pit'disjat삐지지쌑
5	пять	pjat'빠찌	60	шестьдеся́т	shisdisjat쉬쓰지지쌑
6	шесть	shest'쉐쓰찌	70	се́мьдесят	semdisjat쎔지쌑
7	семь	sem쎔	80	во́семьдесят	vosimdisjat보씸지쌑
8	во́семь	vosim보씸	90	девяно́сто	divinostə지비노쓰떠
9	де́вять	devit'제비찌	100	сто	sto쓰또
10	де́сять	desit'제씨찌	200	две́сти	dvesti드베쓰찌
11	оди́ннадцать	adinatsat'아진낟짜찌	300	три́ста	trista뜨리쓰따
12	двена́дцать	dvinatsat'드비낟짜찌	400	четы́реста	chityrista치띄리쓰따
13	трина́дцать	trinatsat'뜨리낟짜찌	500	пятьсо́т	pjit'sot삩쏱
14	четы́рнадцать	chityrnasat'치띄르낟짜찌	600	шестьсо́т	shist'sot쉿쏱
15	пятна́дцать	pitnatsat'삐뜨낟짜찌	700	семьсо́т	sim'sot씸쏱
16	шестна́дцать	shisnatsat'쉬쓰낟짜찌	800	восемьсо́т	vosim'sot바씸쏱
17	семна́дцать	simnatsat'씸낟짜찌	900	девятьсо́т	divit'sot지빝쏱
18	восемна́дцать	vasimnatsat'바씸낟짜찌	1000	ты́сяча	tysjacha띄씨차
19	девятна́дцать	divitnatsat'지빝낟짜찌	0	ноль	nol'놀

연습문제

1. 친구의 전화번호를 확인해 보세요.

예 Скажи́ свой но́мер телефо́на.

Мой но́мер 016-1588-3082. А твой?

(ноль, шестна́дцать, пятна́дцать, во́семьдесят во́семь, три́дцать, во́семьдесят два)

Мой но́мер 017-245-7604.

(ноль, семна́дцать, две́сти, со́рок пять, се́мьдесят шесть, ноль четы́ре).

러시아의 관광지

카잔 성당 Каза́нский собо́р 까잔쓰끼 싸보르

페테르부르크의 넵스키 대로에 위치한 카잔 성당은 1811년에 세워졌습니다. A. 보로니힌의 설계로 세워진 이 성당은 아직도 러시아 정교회의 예배가 행해지는 곳입니다. 이 성당 내부에는 1812년 나폴레옹 전투를 승리로 이끈 쿠투쵸프 장군의 묘가 있습니다.

64. 러·한 / 한·러 사전 소유 여부

☺ У тебя́ есть ру́сско-коре́йский слова́рь?
☻ Да, у меня́ есть ру́сско-коре́йский слова́рь. А у тебя́?
☺ У меня́ нет словаря́.

너는 러·한 사전이 있니?
응, 나는 러·한 사전이 있어. 그런데 너는?
나는 사전이 없어.

☺ У тебя́ есть коре́йско-ру́сский слова́рь?
☻ Нет, у меня́ нет словаря́. А у тебя́?
☺ У меня́ есть коре́йско-ру́сский слова́рь.

너는 한·러 사전이 있니?
아니, 나는 사전이 없어. 그런데 넌?
나는 한·러 사전이 있어.

어 휘

у тебя́ 우찌뱌	너에게는; 너는
есть 에쓰찌	(동사) 있다, 존재한다.
ру́сско-коре́йский 루쓰꼬-까레이쓰끼	(형용사) 러・한의
коре́йско-ру́сский 까레이쓰꼬-루쓰끼	(형용사) 한・러의
у меня́ 우미냐	나에게는; 나는
слова́рь 쓸라바리	(남성) 사전
нет 녵	① 아니다, No ② 없다, 존재하지 않는다.
словаря́ 쓸라바랴	(남성) 사전 слова́рь의 생격

사물이 존재하지 않음을 나타낼 때는 нет 과 함께 생격을 사용합니다. 이것을 부정생격이라고 부릅니다.

✓ 남성 명사의 주격과 생격을 비교해 보세요.

	주격	생격	의미
남성	слова́рь 쓸라바리	словаря́ 쓸라바랴 (= слова́рь + a)	사전
	дом 돔	до́ма 도마	집
	телефо́н 찔리폰	телефо́на 찔리포나	전화

✓ 다음 사전의 종류를 보고 가지고 있는 사전을 말해 보세요.

ру́сско-коре́йский слова́рь 루쓰꼬-까레이쓰끼 쓸라바리	러・한사전
коре́йско-ру́сский слова́рь 까레이쓰꼬-루쓰끼 쓸라바리	한・러사전
а́нгло-коре́йский слова́рь 안글로-까레이쓰끼 쓸라바리	영・한사전
коре́йско-англи́йский слова́рь 까레이쓰꼬-안글리쓰끼 쓸라바리	한・영사전

문형

있다 vs. 없다: есть 사물주격 vs. нет 사물생격

У тебя́	есть	ру́сско-коре́йский	слова́рь	?
너는	있니?	러·한의	사전이	

У меня́	есть	ру́сско-коре́йский	слова́рь	.
나는	있다.	러·한의	사전이	

У меня́	нет	словаря́	.
나는	없다.	사전이	

연습문제

1. 친구에게 러·한 사전이 있는지 확인해 보세요.

예 У тебя́ есть ру́сско-коре́йский слова́рь?
Да, у меня́ есть ру́сско-коре́йский слова́рь. А у тебя́?
У меня́ нет словаря́.

2. 친구가 한·러 사전을 가지고 있는지 확인해 보세요.

예 У тебя́ есть коре́йско-ру́сский слова́рь?
Нет, у меня́ нет словаря́. А у тебя́?
У меня́ есть коре́йско-ру́сский слова́рь.

65. 지갑소유와 색깔

☺ У тебя́ есть кошелёк?
☻ Да, есть.
☺ У тебя́ чёрный кошелёк?
☻ Да, чёрный кошелёк. А у тебя́?
☺ У меня́ нет кошелька́.

너 지갑 있니?
응, 있어.
너는 검은 색 지갑을 가지고 있니?
응, 검은 색 지갑이야. 그런데 너는?
나는 지갑이 없어.

어휘

у тебя́ — 너에게는; 너는

есть (에쓰찌) — (동사) 있다

кошелёк (까쉴룍) — (남성) 지갑

чёрный (쵸르늬) — (형용사) 검은 색의

у меня́ — 나에게는; 나는

нет (녵) — ① 아니다, No ② 없다

кошелька́ (까쉴까) — (남성) 지갑 кошелёк의 생격

✓ 남성명사와 여성명사의 생격 어미를 비교하세요.

	주격	생격	생격 어미
남성	кошелёк 까쉴룍 지갑	кошелька 까쉴까	(∅ a) -a
	дом 돔 집	до́ма 도마	
	телефо́н 찔리폰 전화기	телефо́на 찔리포나	
여성	шко́ла 쉬꼴라 학교	шко́лы 쉬꼴릐	(а ы) -ы
	сестра́ 씨쓰뜨라 여자형제	сестры́ 씨쓰뜨릐	
	ко́мната 꼼나빠 방	ко́мнаты 꼼나띄	

문형

① есть의 생략 : У 사람생격 ЕСТЬ 사물 ⇨ У 사람생격 (ЕСТЬ) 형용사-사물

У тебя́	есть	кошелёк	?
너는	있니?	지갑이	

У тебя́	∅	чёрный	кошелёк	?
너는	있니?	검은	지갑이	

У 사람생격 구문에서 사물을 형용사와 같이 쓰면 есть는 생략됩니다.

② 사물의 존재부정 : 부정생격

У меня́	нет	кошелька́	.
나는	없다.	지갑이(생격)	

러시아어에서 주격은 문장에서 '있는 것, 주인이 되는 것'에 쓰는 격이기 때문에 없는 사람이나 물건에는 주격을 쓸 수가 없습니다. 이 경우 주어의 자리에 쓰인 '없는 물건이나 사람'은 생격으로 표현하고, 문법적으로는 부정생격이라고 부릅니다.

연습문제

1. 친구가 지갑을 가지고 있는지와 어떤 색깔 지갑을 가지고 있는지 확인해 보세요.

예 У тебя́ есть кошелёк?

Да, есть.

У тебя́ чёрный кошелёк?

Да, чёрный кошелёк. А у тебя́?

У меня́ нет кошелька́.

кра́сный끄라쓰늬 붉은

жёлтый좋띄 노란

си́ний씨니 파란

зелёный질료늬 초록의

бе́лый벨릐 흰

러시아의 관광지

짜르스코에 셀로 Ца́рское Село́ 짜르쓰꺼에 쎌러

상트 페테르부르크에서 차로 30분 정도를 가면 짜르스코에 셀로 즉, 황제마을이라 불리는 푸쉬킨 시가 나타납니다. 이곳의 화려한 궁은 에카테리나 궁전입니다. 여기에서 가장 유명한 곳은 호박방이라는 뜻의 'Янта́рная ко́мната 인따르나야 꼼나따' 입니다. 1717년 프러시아의 왕 프리드리히 1세가 표트르 대제에게 선물한 호박들로 방 전체가 꾸며져 있습니다. 호박방은 2차 세계 대전 당시 독일군들에게 약탈당했으나 2003년, 페테르부르크 300주년을 맞아 복원되었습니다.

66. 휴대폰 가격(2)

☺ У тебя́ есть моби́льный телефо́н?
☻ Да, есть.
☺ Ско́лько сто́ит твой телефо́н?
☻ Мой телефо́н беспла́тный. Компа́ния подари́ла мне. А твой?
☺ Мой телефо́н сто́ит 520,000 (пятьсо́т два́дцать ты́сяч) вон.

너는 휴대폰이 있니?
응, 있어.
네 휴대폰 가격은 얼마니?
내 휴대폰은 공짜야. 회사에서 내게 선물로 줬어. 그런데 네 휴대폰은?
내 휴대폰은 52만원이야.

어 휘

моби́льный 마빌리늬	(형용사) 이동의
телефо́н 찔리폰	(남성) 전화
есть 에쓰찌	(동사) 있다
ско́лько 쓰꼴꺼	(의문사) 얼마
сто́ит 쓰또잍	(동사) 가격이 나가다 сто́ить의 단수 3인칭 현재
твой телефо́н 뜨보이 찔리폰	너의 전화기
мой телефо́н 모이 찔리폰	나의 전화기

бесплáтный 비쓰쁠라뜨늬	(형용사) 무료의, 공짜의
компáния 깜빠니야	(여성) 회사
подари́ла 빠다릴라	(동사) 선물을 했다 подари́ть의 과거 단수 여성
мне 므네	(대명사) 나에게 я의 여격
пятьсóт 삣쏫	(수사) 500
двáдцать 드밭짜찌	(수사) 20
ты́сяч 띄씨치	(여성) 1000 ты́сяча의 복수 생격
пятьсóт двáдцать ты́сяч 삣쏫 드밭짜찌 띄씨치	(수사) 520,000
вон 본	(여성) 원 вóна의 복수 생격

✓ 동사 стóить의 현재변화형

주어(사물 단수) + стóит + 목적격(가격 화폐단위)

주어(사물 복수) + стóят + 목적격(가격 화폐단위)

인칭과 수	동사변화형	발음	의미
단수 3인칭 주어	стóит	쓰또읻	가격이 나가다
복수 3인칭 주어	стóят	쓰또얕	

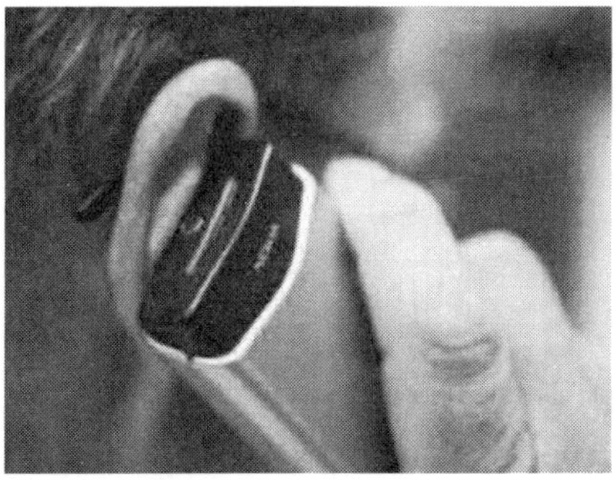

문형

Ско́лько сто́ит 사물?

사물 сто́ит 가격.

Ско́лько	сто́ит	твой телефо́н	?
얼마나	가격이 나가니?	너의 전화기는	

Мой телефо́н	сто́ит	пятьсо́т ты́сяч вон	.
내 전화기는	가격이 나간다,	500,000원이	

연습문제

1. 친구의 휴대폰 가격이 얼마인지 확인해 보세요.

예 У тебя́ есть моби́льный телефо́н?

Да, есть.

Ско́лько сто́ит твой телефо́н?

Мой телефо́н беспла́тный. Компа́ния подари́ла мне. А твой?

Мой телефо́н сто́ит пятьсо́т два́дцать ты́сяч вон.

✓ 원화 가격 표현

① 1원-333원

가격	сто́ит + 가격	발음	가격	сто́ит + 가격	발음
1원	одну́ во́ну	아드누 보누 adnu vonu	21원	два́дцать одну́ во́ну	드밭짜찌 아드누 보누 dvatsat' adnu vonu
2원	две во́ны	드베 보늬 dve vony	22원	два́дцать две во́ны	드밭짜찌 드베 보늬 dvatsat' dve vony
3원	три во́ны	뜨리 보늬 tri vony	30원	три́дцать вон	뜨릳짜찌 본 tritsat' von
4원	четы́ре воны	치띄레 보늬 chityre vony	33원	три́дцать три во́ны	뜨릳짜찌 뜨리 보늬 tritsat' tri vony
5원	пять вон	빠찌 본 pjat' von	40원	со́рок вон	쏘럭 본 sorək von
6원	шесть вон	쉐쓰찌 본 shest' von	44원	со́рок четы́ре во́ны	쏘럭 치띄레 보늬 sorək chityre vony
7원	семь вон	쎔 본 sem von	50원	пятьдеся́т вон	삐지지썃 본 pit'disjat von
8원	во́семь вон	보씸 본 vosim von	55원	пятьдеся́т пять вон	삐지지썃 빠찌 본 pit'dicjat pjat' von
9원	де́вять вон	제비찌 본 devit' von	60원	шестьдеся́т вон	쉬쓰지지썃 본 shisdisjat von
10원	де́сять вон	제씨찌 본 desit' von	66원	шестьдеся́т шесть вон	쉬쓰지지썃 쉐쓰찌 본 shizdisjat shest' von
11원	оди́ннадцать вон	아진낱짜찌 본 adinnatsat' von	70원	семьдесят вон	쎔지썃 본 semdisjat von
12원	двена́дцать вон	드비낱짜찌 본 dvinatsat' von	77원	се́мьдесят семь вон	쎔지썃 쎔 본 semdisjat sem von
13원	трина́дцать вон	뜨리낱짜찌 본 trinatsat' von	80원	во́семьдесят вон	보씸지썃 본 vosimdisjat von
14원	четы́рнадцать вон	체띄르낱짜찌 본 chityrnatsat' von	88원	во́семьдесят во́семь вон	보씸지썃 보씸 본 vosimdisjat vosim von
15원	пятна́дцать вон	삐뜨낱짜찌 본 pitnatsat' von	90원	девяно́сто вон	지비노쓰떠 본 divjanostə von
16원	шестна́дцать вон	쉬쓰낱짜찌 본 shisnatsat' von	99원	девяно́сто де́вять вон	지비노쓰떠 제비찌 본 divjanostə devit' von
17원	семна́дцать вон	씸낱짜찌 본 simnatsat' von	100원	сто вон	쓰또 본 sto von
18원	восемна́дцать вон	바씸낱짜찌 본 vosimnatsat' von	111원	сто оди́ннадцать вон	쓰또 아진나짜찌 본 sto adinnatsat' von

19원	девятна́дцать вон	지빗낟짜찌 본 divitnatsat' von	222원	две́сти два́дцать две во́ны	드비스찌 드밭짜찌 드베 보늬 dvisti dvatsat' dve vony
20원	два́дцать вон	드밭짜찌 본 dvatsat' von	333원	три́ста три́дцать три во́ны	뜨리쓰따 뜨릳짜찌 뜨리 보늬 trista tritsat' tri vony

② 1천원 — 9만 1천원

가격	сто́ит + 가격 표현	가격	сто́ит + 가격 표현
천원 (1,000)	ты́сячу вон 띄씨추 본	2만3천원 (23,000)	два́дцать три ты́сячи вон 드밭짜찌 뜨리 띄씨치 본
2천원 (2,000)	две ты́сячи вон 드베 띄씨치 본	3만원 (30,000)	три́дцать ты́сяч вон 뜨릳짜찌 띄씨치 본
3천원 (3,000)	три ты́сячи вон 뜨리 띄씨치 본	3만4천원 (34,000)	три́дцать четы́ре ты́сячи вон 뜨릳짜찌 치뜨레 띄씨치 본
4천원 (4,000)	четы́ре ты́сячи вон 치뜨레 띄씨치 본	4만원 (40,000)	со́рок ты́сяч вон 쏘럭 띄씨치 본
5천원 (5,000)	пять ты́сяч вон 빠찌 띄씨치 본	4만5천원 (45,000)	со́рок пять ты́сяч вон 쏘럭 빠찌 띄씨치 본
6천원 (6,000)	шесть ты́сяч вон 쉐쓰찌 띄씨치 본	5만원 (50,000)	пятьдеся́т ты́сяч вон 삐지지쌑 띄씨치 본
7천원 (7,000)	семь ты́сяч вон 쎔 띄씨치 본	5만6천원 (56,000)	пятьдеся́т шесть ты́сяч вон 삐지지쌑 쉐쓰찌 띄씨치 본
8천원 (8,000)	во́семь ты́сяч вон 보씸 띄씨치 본	6만원 (60,000)	шестьдеся́т ты́сяч вон 쉬쓰지지쌑 띄씨치 본
9천원 (9,000)	де́вять ты́сяч вон 제비찌 띄씨치 본	6만7천원 (67,000)	шестьдеся́т семь ты́сяч вон 쉬쓰지지쌑 쎔 띄씨치 본
만원 (10,000)	де́сять ты́сяч вон 제씨찌 띄씨치 본	7만원 (70,000)	се́мьдесят ты́сяч вон 쎔지쌑 띄씨치 본
1만1천원 (11,000)	оди́ннадцать ты́сяч вон 아진낟짜찌 띄씨치 본	7만8천원 (78,000)	се́мьдесят во́семь ты́сяч вон 쎔지쌑 보씸 띄씨치 본
1만2천원 (12,000)	двена́дцать ты́сяч вон 드비낟짜찌 띄씨치 본	8만원 (80,000)	во́семьдесят ты́сяч вон 보씸지쌑 띄씨치 본
2만원 (20,000)	два́дцать ты́сяч вон 드밭짜찌 띄씨치 본	8만9천원 (89,000)	во́семьдесят де́вять ты́сяч вон 보씸지쌑 제비찌 띄씨치 본
2만1천원 (21,000)	два́дцать одну́ ты́сячу вон 드밭짜찌 아드누 띄씨추 본	9만원 (90,000)	девяно́сто ты́сяч вон 지비노쓰떠 띄씨치 본
2만2천원 (22,000)	два́дцать две ты́сячи вон 드밭짜찌 드베 띄씨치 본	9만1천원 (91,000)	девяно́сто одну́ ты́сячу вон 지비노쓰떠 아드누 띄씨추 본

③ 1만원 — 102만원

가격	сто́ит + 가격 표현	가격	сто́ит + 가격 표현
1만원 (10,000)	де́сять ты́сяч вон 제씨찌 띄씨치 본	34만원 (340,000)	три́ста со́рок ты́сяч вон 뜨리쓰따 쏘럭 띄씨치 본
2만원 (20,000)	два́дцать ты́сяч вон 드밭짜찌 띄씨치 본	40만원 (400,000)	четы́реста ты́сяч вон 치띄레쓰따 띄씨치 본
3만원 (30,000)	три́дцать ты́сяч вон 뜨맅짜찌 띄씨치 본	45만원 (450,000)	четы́реста пятьдеся́т ты́сяч вон 치띄레쓰따 삡지쌷 띄씨치 본
4만원 (40,000)	со́рок ты́сяч вон 쏘럭 띄씨치 본	50만원 (500,000)	пятьсо́т ты́сяч вон 삡쏱 띄씨치 본
5만원 (50,000)	пятьдеся́т ты́сяч вон 삡지쌷 띄씨치 본	56만원 (560,000)	пятьсо́т шестьдеся́т ты́сяч вон 삡쏱 쉬쓰지지쌷 띄씨치 본
6만원 (60,000)	шестьдеся́т ты́сяч вон 쉬쓰지지쌷 띄씨치 본	60만원 (600,000)	шестьсо́т ты́сяч вон 쉳쏱 띄씨치 본
7만원 (70,000)	се́мьдесят ты́сяч вон 쎔지쌷 띄씨치 본	67만원 (670,000)	шестьсо́т се́мьдесят ты́сяч вон 쉬쓰쉳쏱 씸지쌷 띄씨치 본
8만원 (80,000)	во́семьдесят ты́сяч вон 보씸지쌷 띄씨치 본	70만원 (700,000)	семьсо́т ты́сяч вон 씸쏱 띄씨치 본
9만원 (90,000)	девяно́сто ты́сяч вон 지비노쓰떠 띄씨치 본	78만원 (780,000)	семьсо́т во́семьдесят ты́сяч вон 씸쏱 보씸지쌷 띄씨치 본
10만원 (100,000)	сто ты́сяч вон 쓰또 띄씨치 본	80만원 (800,000)	восемьсо́т ты́сяч вон 바씸쏱 띄씨치 본
11만원 (110,000)	сто де́сять ты́сяч вон 쓰또 제씨찌 띄씨치 본	89만원 (890,000)	восемьсо́т девяно́сто ты́сяч вон 바씸쏱 지비노쓰떠 띄씨치 본
12만원 (120,000)	сто два́дцать ты́сяч вон 쓰또 드밭짜찌 띄씨치 본	90만원 (900,000)	девятьсо́т ты́сяч вон 지빝쏱 띄씨치 본
20만원 (200,000)	две́сти ты́сяч вон 드베쓰찌 띄씨치 본	91만원 (910,000)	девятьсо́т де́сять ты́сяч вон 지빝쏱 제씨찌 띄씨치 본
23만원 (230,000)	две́сти три́дцать ты́сяч вон 드베쓰찌 뜨맅짜찌 띄씨치 본	100만원 (1,000,000)	миллио́н вон 밀리온 본
30만원 (300,000)	три́ста ты́сяч вон 뜨리쓰따 띄씨치 본	102만원 (1,020,000)	миллио́н два́дцать ты́сяч вон 밀리온 드밭짜찌 띄씨치 본

67. 컴퓨터 가격

☺ У тебя́ есть но́утбук?

☻ Да, у меня́ есть.

☺ Ско́лько сто́ит твой но́утбук?

☻ Он сто́ит оди́н миллио́н шестьсо́т ты́сяч вон. А у тебя́ есть но́утбук?

☺ Нет, у меня́ нет но́утбука.

너는 노트북이 있니?

응, 나는 있어.

너의 노트북은 가격이 얼마니?

그것은 1,600,000원이야. 그런데 너는 노트북이 있니?

아니, 나는 노트북이 없어.

어휘

но́утбук 노웉북	(남성) 노트북 컴퓨터
ско́лько 쓰꼴꺼	(의문사) 얼마
сто́ит 쓰또잍	(동사) 가격이 나가다
он 온	(대명사) 그 (사람), 그것, 3인칭 남성 대명사
оди́н 아진	(수사) 1
миллио́н 밀리온	(남성) 백만, 1,000,000
шестьсо́т 쉽쏱	(수사) 600
ты́сяч 띄씨치	(수사) 1,000 ты́сяча의 복수 생격
вон 본	(여성) 원 во́на의 복수 생격
но́утбука 노웉부까	(여성) 노트북 но́утбук의 단수 생격

✓ 1,600,000원

оди́н	миллио́н	шестьсо́т	ты́сяч	вон
일(1)	백만(1,000,000)	육백(600)	천(1,000)	원
주격	주격	주격	복수 생격	복수 생격

문 형

☺ Ско́лько сто́ит 사물남성(여성)?

☻ Он(она́) сто́ит 가격.

Ско́лько	сто́ит	твой но́утбук	?
얼마	가격이 나가니?	너의 노트북은	

Он	сто́ит	1,600,000 вон	.
그것은	가격이 나간다.	160만원	

남성 он : твой но́утбук ⇨ он

여성 она́ : твоя́ кни́га ⇨ она́

☞ 러시아어에서는 한 번 언급한 사물에 대해서는 각각의 성에 맞는 대명사로 바꿔 부릅니다.

연습문제

1. 친구의 노트북이나 컴퓨터 가격을 확인해 보세요.

예 У тебя́ есть но́утбук?

Да, у меня́ есть.

Ско́лько сто́ит твой но́утбук?

Он сто́ит два миллио́на вон. А у тебя́ есть но́утбук?

Нет, у меня́ нет но́утбука.

러시아의 관광지

페테르고프 Петергóф 삐찌르곺

상트 페테르부르크의 서남쪽, 차로 한시간거리에 위치한 페테르고프는 분수공원으로 유명합니다. 궁전을 중심으로 위 공원과 아래 공원으로 나눠진 이곳은 총면적이 1000헥타르나 된다고 합니다. 유럽을 동경하던 표트르 대제는 프랑스의 베르사이유와 같은 정원을 갖고 싶어 했다고 합니다. 그래서 그의 명으로 지어진 곳이 이 페테르고프입니다. 이곳의 상징 분수는 '삼손'분수로서 1709년 러시아군이 폴타바 근처에서 스웨덴군을 물리친 기념으로 세워진 것입니다.

6 8 . 공부방의 크기

☺ У тебя́ есть своя́ ко́мната до́ма?

☻ Да, у меня́ есть своя́ ко́мната.

☺ Твоя́ ко́мната больша́я?

☻ Нет, моя́ ко́мната ма́ленькая. А у тебя́ есть ко́мната?

☺ Нет, у меня́ нет свое́й ко́мнаты.

너는 집에 자기 방이 있니?

응, 나는 내 방이 있어.

네 방은 크니?

아니, 내 방은 작아. 그런데 너는 방이 있니?

아니, 나는 내 방이 없어.

어 휘

своя́ 쓰바야	(재귀대) 자기 자신의 свой의 여성
ко́мната 꼼나따	(여성) 방
до́ма 도마	(부사) 집에
моя́ 마야	(대명사) 나의 мой의 여성
твоя́ 뜨바야	(소유대) 너의 твой의 여성
больша́я 발쇼야	(형용사) 큰 большо́й의 여성
ма́ленькая 말린까야	(형용사) 작은 ма́ленький의 여성

моéй 마에이	(소유대) 나의 моя́의 생격
кóмнаты 꼼나띄	(여성) 방 кóмната의 생격

✓ 소유대명사와 명사의 성·수·격 일치 : 단수 주격

	소유대명사	명사
여성 단수 주격	своя́ 자기 자신의	кóмната 방
	моя́ 나의	
	твоя́ 너의	
	вáша 당신의(너희의, 당신들의)	
	нáша 우리의	
	егó 그의	
	её 그녀의	
	их 그들의	

1인칭, 2인칭 소유대명사는 수식하는 명사와 성, 수, 격을 일치시키지만 3인칭은 일치에 무관합니다;
свой дом, своя́ кóмната vs. егó дом, егó кóмната

✓ 형용사와 여성명사의 성·수·격 일치 : 단수 주격

	형용사	명사
여성 단수 주격	больш**áя**	кóмнат**а**
	мáленьк**ая**	

✓ 소유대명사와 여성명사의 성·수·격 일치 : 단수 생격

	소유대명사	명사
여성 단수 생격	свое́й 자기 자신의	сестры́여자형제 ко́мнаты방
	мое́й 나의	
	твое́й 너의	
	ва́шей 당신의(당신들의, 너희의)	
	его́ 그의	
	eё 그녀의	
	на́шей 우리의	
	их 그들의	

문 형

주어와 술어의 일치 : 주어[소유대명사여성 명사여성] - 술어(형용사여성)

Тво**я́**	ко́мнат**а**	больш**а́я**	?
너의	방은	크니?	

Мо**я́**	ко́мнат**а**	ма́леньк**ая**	.
나의	방은	작다	

연습문제

1. 친구에게 자신의 방이 있는지 확인해 보세요.

예 У тебя́ есть своя́ ко́мната до́ма?

Да, у меня́ есть своя́ ко́мната.

2. 친구의 방이 큰지 작은지 확인해 보세요.

예 Твоя́ ко́мната больша́я?

Нет, моя́ ко́мната ма́ленькая.

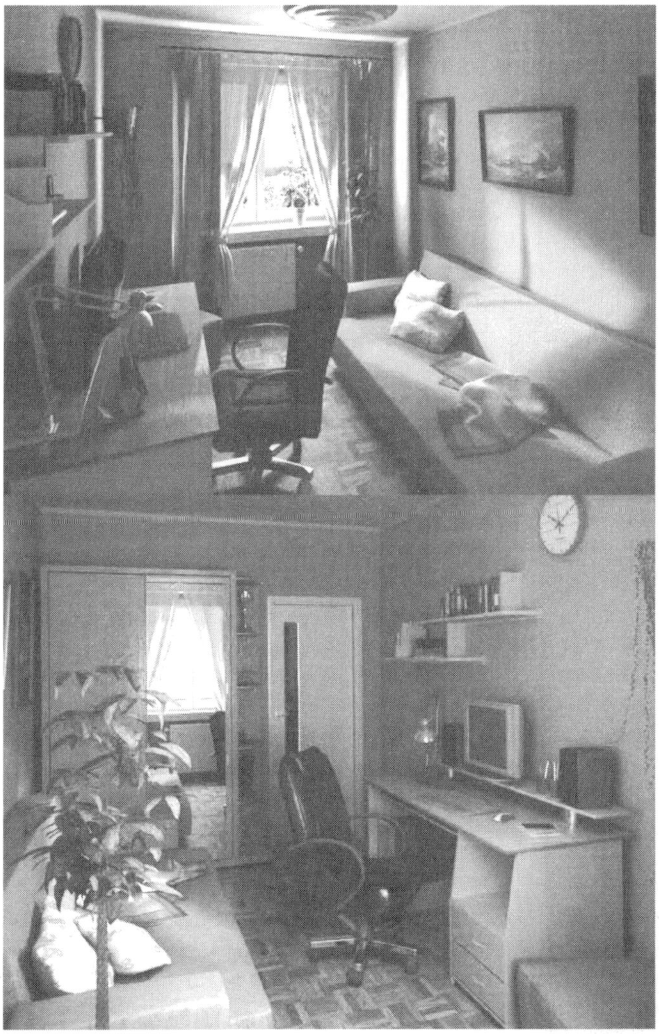

69. 책상의 크기

☺ У тебя́ есть свой стол до́ма?

☻ Да, есть.

☺ Твой стол большо́й и́ли ма́ленький?

☻ Мой стол не большо́й и не ма́ленький. А твой?

☺ Мой стол о́чень ма́ленький.

너는 집에 자기 책상이 있니?

응, 있어.

네 책상은 크니 아니면 작니?

내 책상은 크지도 작지도 않아. 그런데 너의 책상은?

내 책상은 아주 작아.

어휘

свой 쓰보이	(재귀대) 자기 자신의
стол 쓰똘	(남성) 책상
твой 뜨보이	(소유대) 너의
мой 모이	(소유대) 나의
большóй 발쇼이	(형용사) 커다란
и́ли 일리	(접속사) 또는, 혹은
мáленький 말린끼	(형용사) 작은

✓ 소유대명사와 명사의 성·수·격 일치 : 단수 주격

	소유대명사			명사
남성 단수 주격	1인칭		мой 나의	стол 쓰똘 책상 дом 돔 집
	2인칭	친밀한 관계	твой 너의	
		공식적 관계	Ваш 당신의	
	3인칭	남자	егó 그의	
		여자	её 그녀의	

	소유대명사			명사
여성 단수 주격	1인칭		моя́ 나의	кварти́ра 끄바르찌라 아파트 маши́на 마쉬나 자동차
	2인칭	친밀한 관계	твоя́ 너의	
		공식적 관계	Вáша 당신의	
	3인칭	남자	егó 그의	
		여자	её 그녀의	

✓ 형용사와 명사의 성·수·격 일치: 단수 주격

	형용사	명사
남성 단수 주격	ма́ленький 말린끼 작은	стол 쓰똘 책상
	большо́й 발쇼이 큰	дом 돔 집

	형용사	명사
여성 단수 주격	ма́ленькая 말린까야 작은	кварти́ра 끄바르찌라 아파트
	больша́я 발솨야 큰	маши́на 마쉬나 자동차

문형

주어와 술어의 일치 : 주어 [소유대명사남성 명사남성] - 술어(형용사남성)

Твой стол	большо́й	и́ли	ма́ленький	?
너의 책상은	크니?	아니면	작니?	

Мой стол	ма́ленький	.
나의 책상은	작다.	

연습문제

1. 친구의 책상이 큰지 작은지 확인해 보세요.

예 У тебя́ есть свой стол до́ма?

Да, есть.

Твой стол большо́й или ма́ленький?

Мой стол не большо́й и не ма́ленький. А твой?

Мой стол о́чень ма́ленький.

러시아의 관광지

알렉산드르 넵스키 수도원 Алексáндро-Нéвская Лáвра 알릭싼드러넵쓰까야 라브라

페테르부르크에 위치한 이 수도원은 1240년 스웨덴군을 물리친 알렉산드르 넵스키 대공의 업적을 기리기 위해 1710년 표트르 1세의 명령에 따라 토대가 세워졌습니다. 이 수도원 안에는 대규모의 묘지가 있습니다. 이 묘지 안에는 도스토예프스키나 차이코프스키와 같은 러시아의 유명한 예술가들의 묘가 안치되어 있습니다.

70. 거울 소지와 빌려 쓰기

☺ У тебя́ есть сейча́с зе́ркало?

☻ Да, есть.

☺ Извини́, дай мне твоё зе́ркало на мину́тку. У меня́ нет.
Я верну́ че́рез де́сять мину́т.

☻ С удово́льствием. Вот моё зе́ркало.

☺ Спаси́бо.

너 거울 있니?

응, 있어.

미안하지만 네 거울을 잠시만 나에게 빌려줘. 나는 거울이 없어.

내가 10분 후에 돌려줄게.

기꺼이. 여기 내 거울이야.

고마워.

어휘

сейча́с 씨이차쓰	(부사) 지금
зе́ркало 제르깔러	(중성) 거울
извини́ 이즈비니	(동사) 용서해라 извини́ть의 명령형
дай 다이	(동사) 주어라, 달라. дать의 명령형
мне 므네	(대명사) 나에게
твоё 뜨바요	(소유대) 너의
на 나	(전치사) ~동안 목적격 지배
мину́тку 미누뜨꾸	(여성) мину́та '1분'의 지소형 мину́тка의 목적격
на мину́тку 나미누뜨꾸	일 분 동안; 잠시 동안
верну́ 베르누	(동사) 돌려줄게 верну́ть의 단수 1인칭, 완료상
че́рез 체리쓰	(전치사) ~후에 목적격 지배
де́сять 제씨찌	(수사) 10
мину́т 미눝	(여성) ~ 분 мину́та의 복수 생격
с 쓰	(전치사) ~와 같이, 함께 조격 지배
удово́льствием 우다볼쓰뜨비엠	(중성) 만족 удово́льствие의 조격
вот 봍	(지시소사) 바로
спаси́бо 쓰빠씨버	(부사) 고맙다

문형

수여동사-간접목적어-직접목적어: 동사 + 사람여격 + 사물목적격

Дай	мне	твоё зе́ркало	на мину́тку	.
달라, 주어라	나에게	너의 거울을	잠시만	

Я	верну́	че́рез	де́сять мину́т	.
나는	돌려주겠다.	후에	10분	

연습문제

1. 친구에게서 연필(каранда́ш), 칼(нож), 풀(клей) 등의 물건을 빌려 쓰는 대화를 해보세요.

예 У тебя́ есть сейча́с каранда́ш?
Да, есть.
Извини́, дай мне твой каранда́ш на мину́тку. У меня́ нет.
Я верну́ че́рез де́сять мину́т.
С удово́льствием. Вот мой каранда́ш.
Спаси́бо.

러시아 풍경

71. 펜 빌리기

☺ Извини́, у тебя́ есть кра́сная ру́чка?

☻ Да, есть.

☺ Извини́, дай ру́чку на мину́тку. Я верну́ че́рез мину́ту.

☻ Хорошо́, вот ру́чка.

☺ Спаси́бо.

☻ Пожа́луйста.

미안한데, 빨간 펜 있니?

응, 있어.

미안한데 잠깐만 그 펜 좀 빌려 다오. 내가 잠시 후에 돌려줄게.

좋아. 여기 펜이 있어.

고마워.

천만에.

어휘

кра́сная 끄라스나야	(형용사) 빨간 кра́сный의 여성
ру́чка 루치까	(여성) 펜
ру́чку 루치꾸	(여성) 펜 ру́чка의 목적격

연습문제

1. 친구에게 빨간 연필을 빌려보는 대화를 해보세요.

예 Извини́, у тебя́ есть кра́сный каранда́ш?

Да, есть.

Извини́, дай кра́сный каранда́ш на мину́тку. Я верну́ че́рез мину́ту.

Хорошо́, вот каранда́ш.

Спаси́бо.

Пожа́луйста.

72. 시계 유무와 시간 묻기

☺ У тебя́ есть часы́?

☻ У меня́ нет. Вме́сто часо́в у меня́ есть моби́льный телефо́н.

☺ Извини́, сколько сейча́с времени?

☻ Сейча́с 10(де́сять) часо́в 21(два́дцать одна́) мину́та.

너 시계 있니?

나는 시계 없어. 시계 대신에 휴대전화가 있어.

미안한데, 지금 몇 시니?

지금은 10시 21분이야.

어 휘

часы́ 치씌	(남성) 시계
вме́сто 브메쓰떠	(전치사) ~대신에 생격 지배
часо́в 치쏲	(남성) 시계 часы́의 생격
моби́льный 마빌늬	(형용사) 이동의, mobile
ско́лько 쓰꼴꺼	(의문사) 얼마, 몇
вре́мени 브레미니	(중성) 시간, 시 вре́мя의 생격
сейча́с 씨차쓰	(부사) 지금
мину́та 미누따	(여성) 분

문형

① 나는 Y대신에 X가 있다: у меня́ есть X вме́сто Y생격

Вме́сто	часо́в	у меня́ есть	моби́льный телефо́н	.
~ 대신에	시계(생격)	나는 ~이 있다	휴대폰이	

② 수사 + 시간생격

Ско́лько	сейча́с	вре́мени	?
얼마나	지금	시간	(이지?)

Сейча́с	10(де́сять) часо́в	21(два́дцать одна́) мину́та	.
지금은	10시	21분이다.	

☞ 수사 1은 함께 쓰이는 명사의 성에 맞춰 사용되고 (одна́ мину́та), 수사 2~4는 함께 쓰이는 명사가 단수 생격, 5이상은 복수 생격으로 사용됩니다(10 часо́в). вре́мя는 복수 형태가 없기 때문에 단수가 사용되었습니다.

✓ 시간표현

1시	1(оди́н)	час 차쓰	단수 주격
2시	2(два)	часа́ 치싸	단수 생격
3시	3(три)	часа́ 치싸	단수 생격
4시	4(четы́ре)	часа́ 치싸	단수 생격
5시	5(пять)	часо́в 치쏩	복수 생격
6시	6(шесть)	часо́в 치쏩	복수 생격
7시	7(семь)	часо́в 치쏩	복수 생격
8시	8(во́семь)	часо́в 치쏩	복수 생격
9시	9(де́вять)	часо́в 치쏩	복수 생격
10시	10(де́сять)	часо́в 치쏩	복수 생격
11시	11(оди́ннадцать)	часо́в 치쏩	복수 생격
12시	12(двена́дцать)	часо́в 치쏩	복수 생격

보통 1시는 оди́н을 사용하지 않고 'Сейча́с час'라고 말합니다.

✓ 수사 다음에 오는 мину́та '분'의 표시

수사	분 표시	비교
1 (수사의 끝이 одна́인 경우)	мину́та 미누따	단수 주격
2, 3, 4 (수사의 끝이 две, три, четы́ре인 경우)	мину́ты 미누띄	단수 생격
5 (пять) 이상	мину́т 미눝	복수 생격

✓ 시간의 '분'을 나타내는데 사용되는 수사

1	одна́	아드나	11	оди́ннадцать	아진낟짜찌
2	две	드베	12	двена́дцать	드비낟짜찌
3	три	뜨리	13	трина́дцать	뜨리낟짜찌
4	четы́ре	치띄레	14	четы́рнадцать	체띄르낟짜찌
5	пять	빠찌	15	пятна́дцать	삐뜨낟짜찌
6	шесть	쉐쓰찌	16	шестна́дцать	쉐쓰낟짜찌
7	семь	쎔	17	семна́дцать	씸낟짜찌
8	во́семь	보씸	18	восемна́дцать	바씸낟짜찌
9	де́вять	제비찌	19	девятна́дцать	제빋낟짜찌
10	де́сять	제씨찌	20	два́дцать	드받짜찌
40	со́рок	쏘럭	21	два́дцать одна́	드받짜찌 아드나
44	со́рок четы́ре	쏘럭 치띄레	22	два́дцать две	드받짜찌 드베
50	пятьдеся́т	삐지지샽	30	три́дцать	뜨릳짜찌
55	пятьдеся́т пять	삐지지샽 빠찌	33	три́дцать три	뜨릳짜찌 뜨리
60	шестьдеся́т	쉐쓰지지샽			

мину́та미누따 '분'은 여성명사이므로 1과 2는 여성형이 사용됩니다: одна́, две.

연습문제

1. 친구가 가진 시계나 휴대폰으로 시간을 확인해 보세요.

예 У тебя́ есть часы́.

У меня́ нет. Вме́сто часо́в у меня́ есть моби́льный телефо́н.

Извини́, ско́лько сейча́с вре́мени?

Сейча́с 10 часо́в.

셋째 이야기:

공부와 '알바' 이야기

Тре́тьи разгово́ры. Разгово́ры об учёбе и подрабо́тке.

뜨레찌 라즈가보릐 라즈가보릐 아부쵸베 이 빠드라보뜨께

Iphone. 너는 아르바이트하니?

Ты рабо́таешь?
Да, я рабо́таю. А ты?
Я не рабо́таю.

74. 아르바이트 장소

Где ты рабо́таешь?
Я рабо́таю в рестора́не в райо́не Дон-А́м.
А ты то́же хо́чешь рабо́тать?
Нет, я не хочу́.

75. 아르바이트 요일

Когда́ ты рабо́таешь?
Я рабо́таю в суббо́ту и в воскресе́нье. А ты?
Я рабо́таю в пя́тницу.

76. 아르바이트 시간

Со скольки́ до скольки́ ты рабо́таешь в суббо́ту?
С ча́са до пяти́ часо́в ве́чера. А ты?
Я рабо́таю с шести́ до десяти́ ве́чера.

77. 공부하고 있는 외국어

Ты у́чишь англи́йский язы́к?
Да, я учу́ англи́йский язы́к. А ты?
Я учу́ англи́йский, ру́сский и францу́зский языки́ в университе́те.

78. 공부하는 외국어의 흥미 여부

Учи́ть англи́йский язы́к интере́сно?
Да, интере́сно. А ру́сский язы́к?
То́же интере́сно.

79. 수학 과목 선호도

Ты лю́бишь матема́тику?
Нет, я не люблю́. А ты?
Я то́же не люблю́ матема́тику.

80. 러시아어 학습 난이도

Учи́ть ру́сский язы́к сло́жно?
Нет, не сло́жно. О́чень интере́сно.
Я люблю́ учи́ть ру́сский язы́к.

81. 너는 숙제를 어디서 하니?

Где ты де́лаешь дома́шнее зада́ние?
Я де́лаю дома́шнее зада́ние до́ма. А ты?
Я в библиоте́ке.

82. 어제 숙제 있었니?

Вчера́ у тебя́ бы́ло дома́шнее зада́ние?
Да, у меня́ бы́ло. А у тебя́?

У меня́ то́же бы́ло дома́шнее зада́ние.
Где ты де́лала своё дома́шнее зада́ние?
Я до́ма. А ты?
Я де́лала в библоте́ке университе́та.

83. 여름 방학 계획

Что ты бу́дешь де́лать на ле́тних кани́кулах?
Я бу́ду занима́ться ру́сским языко́м в Москве́. А ты?
Я бу́ду занима́ться англи́йским языко́м в Аме́рике.

러시아의 박물관

트레찌야코프 미술관 Третьяко́вская галере́я (Третьяко́вка)

뜨레찌야꼬쓰까야 갈리레야(뜨리찌꼬까)

모스크바에 있는 미술관입니다. 이곳은 제정시대 및 구소련시대의 미술작품들을 소장하고 있으며, 페테르부르크의 러시아 미술관과 함께 주요 미술관으로서 쌍벽을 이루고 있습니다. 소장품은 상인이었던 트레찌야코프 형제의 개인 수집품에서 비롯됩니다. 현재는 약 7만 점 이상을 소장하고 있습니다.

7 3 . 너는 아르바이트하니?

☺ Ты рабóтаешь?

☻ Да, я рабóтаю. А ты?

☺ Я не рабóтаю.

너는 일하니?

응, 나는 일해. 그런데 너는?

나는 일하지 않아.

어휘

рабóтаешь 라보따이쉬	(동사) 일한다 рабóтать의 단수 2인칭 현재
рабóтаю 라보따유	(동사) 일한다. рабóтать의 단수 1인칭 현재
подрабáтывать 빠드라바띄바찌	(동사) 아르바이트 하다

✓ 동사 рабóтать '일하다' 현재변화형

단수1인칭	Я	рабóтаю	-ю
단수2인칭	ты	рабóтаешь	-ешь
단수3인칭	он/онá	рабóтает	-ет
복수1인칭	мы 우리	рабóтаем	-ем
복수2인칭	вы 너희, 당신들	рабóтаете	-ете
복수3인칭	они́ 그들	рабóтают	-ют

✓ 동사 подрабáтывать '아르바이트 하다' 현재변화형

단수1인칭	Я	подрабáтываю	-ю
단수2인칭	ты	подрабáтываешь	-ешь
단수3인칭	он/онá	подрабáтывает	-ет
복수1인칭	мы 우리	подрабáтываем	-ем
복수2인칭	вы 너희, 당신들	подрабáтываете	-ете
복수3인칭	они́ 그들	подрабáтывают	-ют

문형

주어-자동사 : рабóтать

Ты	рабóтаешь	?
너는	일하니?	

Я	рабóтаю	.
나는	일한다.	

연습문제

1. 친구가 아르바이트를 하고 있는지 물어 보세요.

예 Ты подрабáтываешь?
Да, я подрабáтываю. А ты?
Я не подрабáтываю.

2. 친구의 친지나 가족이 일을 하고 있는지 확인해보세요.

예 Твой брат рабóтает?
Нет, он не рабóтает. А твоя́ сестрá?
Онá рабóтает в фи́рме.

러시아의 박물관

에르미타쉬 국립박물관 Эрмитáж 에르미따쉬

페테르부르크에 위치한 에르미타쉬 국립박물관은 세계 3대 미술박물관중 하나입니다. 1764년 에카테리나 2세가 베를린의 미술상 고츠코우스키에게서 그림 225점을 구입하면서 에르미타쉬 컬렉션이 시작되었습니다. 그 후 역대 황제들도 황실 재산으로 여러 작품들을 수집했습니다. 동서양의 고대, 중세, 근대까지의 그림, 조각 등 300만 점이 넘는 작품을 소장하고 있습니다. 레오나르도 다빈치, 미켈란젤로, 렘브란트, 고흐, 피카소 등 많은 작품을 감상할 수 있습니다. 에르미타쉬는 프랑스어로 '휴식 공간'이라는 뜻입니다.

7 4 . 아 르 바 이 트 장 소

☺ Где ты рабо́таешь?

☻ Я рабо́таю в рестора́не в райо́не Дон-А́м.

А ты то́же хо́чешь рабо́тать?

☺ Нет, я не хочу́.

너는 어디에서 일하니?

나는 돈암동 레스토랑에서 일해.

그런데 너도 일하고 싶니?

아니, 나는 일하고 싶지 않아.

어 휘

где 그제	(의문사) 어디에서
рабо́таешь 라보따이쉬	(동사) 일하다 рабо́тать의 단수 2인칭 현재
в	(전치사) ~에서 전치격 지배
рестора́не 리쓰따라네	(남성) 레스토랑 рестора́н의 전치격
райо́не 라이오네	(남성) 동, 지역 райо́н의 전치격
то́же 또줴	(소사) 역시, ~도
хо́чешь 호치쉬	(동사) ~하고 싶다, 원하다 хоте́ть의 단수 2인칭 현재
хочу́ 하추	(동사) ~하고 싶다, 원하다 хоте́ть의 단수 1인칭 현재

✓ в + 장소전치격 : ~에서

в	рестора́не
~에서	레스토랑에서

в	райо́не
~에서	동(洞)에서

✓ хоте́ть의 현재변화형 어미와 발음을 рабо́тать와 비교해 보세요.

단수1인칭	Я	хочу́하추	-у
단수2인칭	ты	хо́чешь호치쉬	-ешь
단수3인칭	он/она́	хо́чет호칱	-ет
복수1인칭	мы 우리	хоти́м하찜	-им
복수2인칭	вы 니희, 당신들	хоти́те하찌쩨	-ите
복수3인칭	они 그들	хотя́т하쨭	-ят

문형

주어-хотéть-동사미정형: ~하는 것을 원하다

Ты	тóже	хóчешь	рабóтать	?
너	~도	싶니?	일하고(미정형)	

Я	тóже	хочý	рабóтать	.
나	~도	싶다.	일하고(미정형)	

연습문제

1. 친구가 어디에서 일하고 있는지 물어보세요.

예 Где ты рабóтаешь?
Я рабóтаю в ресторáне в райóне Дон-Ам.
А ты тóже хóчешь рабóтать?
Нет, я не хочý.

2. 친구의 친지 가족이 어디에서 일하는 물어보세요.

예 Где твой папа рабóтает?
Мой пáпа рабóтает в óфисе в райóне Мёнг-Донг. А твой пáпа?
Мой пáпа рабóтает в фúрме в райóне Су-Ю.

러시아의 도서관

레닌도서관 Росси́йская госуда́рственная библиоте́ка (Ле́нинка)
라씨쓰까야 가쑤다르쓰뜨빈나야 비블리아쪠까 (레닌까)

모스크바에 있는 국립도서관입니다. 구소련시절에는 레닌도서관으로 불렸으나 1992년 옐친에 의해 러시아 국립도서관으로 명칭이 바뀌었습니다. 세계 최대의 장서를 자랑하는 도서관 중 하나로서 지금도 많은 러시아 학자들이 열심히 연구하는 곳입니다.

75. 아르바이트 요일

☺ Когда́ ты рабо́таешь?
☻ Я рабо́таю в суббо́ту и в воскресе́нье. А ты?
☺ Я рабо́таю в пя́тницу.

너는 언제 일하니?
나는 토요일과 일요일에 일해. 그런데 너는?
나는 금요일에 일해.

어휘

когда́ 까그다	(의문사) 언제
рабо́таешь 라보따이쉬	(동사) 일하다. рабо́тать의 단수 2인칭 현재
рабо́таю 라보따유	(동사) 일하다. рабо́тать의 단수 1인칭 현재
в	(전치사) ~요일에 목적격 지배
в суббо́ту	토요일에 (목적격)
в воскресе́нье	일요일에 (목적격)
в пя́тницу	금요일에 (목적격)

✓ ~요일에

в понеде́льник 프빠니젤닉	월요일에
во вто́рник 바프또르닉	화요일에
в сре́ду 프쓰레두	수요일에

в четве́рг 프치뜨베륵	목요일에
в пя́тницу 프빠뜨니쭈	금요일에
в суббо́ту 프쑤보뚜	토요일에
в воскресе́нье (브)바쓰끄리쎄니에	일요일에

문형

주어-자동사-시간의 전치사구 [в 시간목적격]

Когда́	ты	рабо́таешь	?
언제	너는	일하니?	

Я	рабо́таю	в воскресе́нье	.
나는	일한다.	일요일에	

연습문제

1. 친구가 언제 아르바이트를 하는지 확인해 보세요.

예 Когда́ ты подраба́тываешь?

Я подраба́тываю в суббо́ту и в воскресе́нье. А ты?

Я подраба́тываю в пя́тницу.

* подраба́тывать 아르바이트 하다.

2. 친구의 가족 친지가 언제 일(또는 아르바이트)을 하는지 확인해 보세요.

예 Когда́ твоя́ сестра́ рабо́тает?

Она́ рабо́тает в четве́рг. А твоя́ сестра́?

Она́ рабо́тает во вто́рник.

76. 아르바이트 시간

☺ Со сколькú до сколькú ты рабóтаешь в суббóту?
☻ С чáса до пятú часóв вéчера. А ты?
☺ Я рабóтаю с шестú до десятú вéчера.

토요일 날 너는 몇 시부터 몇 시까지 일하니?
한 시부터 저녁 다섯 시까지. 너는?
나는 저녁 여섯 시부터 열 시까지 일해.

어휘

со
싸

(전치사) (몇 시)부터
생격 지배

☞ 전치사 с가 지배하는 명사가 두개이상의 자음으로 시작되는 단어인 경우 발음을 편하게 하기 위해 со가 됩니다.

сколькú
쓰깔끼

(의문사) 얼마나
скóлько의 생격

до
다

(전치사) (몇 시)까지
생격 지배

чáса
차싸

(남성) 시, 시간, час의 생격
1시를 말할 때는 одúн 없이 час라고 합니다.

с чáса
쓰차싸

1시부터

до пятú часóв
다삐찌 치쏩

5시까지

вéчера
베치라

(남성) 저녁
вéчер의 생격

с шестú
쉐쓰찌

6시부터

до десятú вéчера
다지씨찌 베치라

저녁 10시까지

✓ ~시부터 ~까지

~부터	~까지
со скольки́ 몇 시부터 싸쓰깔끼	до скольки́ 몇 시까지 다쓰깔끼
с ча́су 1시부터 쓰차쑤	до ча́су 1시까지 다차쑤
с двух часо́в 2시부터 즈드부흐 치쏩	до двух часо́в 2시까지 다드부흐 치쏩
с трёх часо́в 3시부터 쓰뜨료흐 치쏩	до трёх часо́в 3시까지 다뜨료흐 치쏩
с четырёх часо́в 4시부터 쓰치뜨료흐 치쏩	до четырёх часо́в 4시까지 다치뜨료흐 치쏩
с пяти́ часо́в 5시부터 쓰삐찌 치쏩	до пяти́ часо́в 5시까지 다삐찌 치쏩
с шести́ часо́в 6시부터 쉐쓰찌 치쏩	до шести́ часо́в 6시까지 다쉬쓰찌 치쏩
с семи́ часо́в 7시부터 씨미 치쏩	до семи́ часо́в 7시까지 다씨미 치쏩
с восьми́ часо́в 8시부터 쓰바씨미 치쏩	до восьми́ часо́в 8시까지 다바시미 치쏩
с девяти́ часо́в 9시부터 제비찌 치쏩	до девяти́ часо́в 9시까지 다지비찌 치쏩
с десяти́ часо́в 10시부터 제씨찌 치쏩	до десяти́ часо́в 10시까지 다지씨찌 치쏩
с оди́ннадцати часо́в 11시부터 싸진날짜찌 치쏩	до оди́ннадцати часо́в 11시까지 다진날짜찌 치쏩
с двена́дцати часо́в 12시부터 즈드비날짜찌 치쏩	до двена́дцати часо́в 12시까지 다드비날짜찌 치쏩

☞ с шести́, с семи́, с девяти́, с десяти́ 등에서는 전치사와 수사의 첫 자음에서 유·무성음의 동화현상이 일어납니다. 이 경우, 원래보다 다소 길게 발음해 주세요.

문형

с 시간생격 до 시간생격 : ~시부터 ~시까지

Со скольки́	до скольки́	ты	рабо́таешь	?
몇 시(부터)	몇 시(까지)	너는	일하니?	

С ча́са	до пяти́	ве́чера	(я рабо́таю)
한 시부터	다섯 시까지	저녁의	(일해)

연습문제

1. 친구가 월요일 날 몇 시부터 몇 시까지 일(공부)하는지 확인해 보세요.

예 Со скольки́ до скольки́ ты занима́ешься в университе́те в понеде́льник?
В понеде́льник я занима́юсь с двена́дцати до шести́ ве́чера. А ты?
Я занима́юсь с трёх до шести́.

2. 친구의 가족이 몇 시부터 몇 시까지 일하는지 확인해 보세요.

예 Со скольки́ до скольки́ твой па́па рабо́тает в сре́ду?
Он рабо́тает с девяти́ до шести́ ве́чера. А твой па́па?
Мой па́па обы́чно рабо́тает с десяти́ до семи́ часо́в ве́чера.

러시아의 도서관

살트이코프-쉐드린 도서관 Росси́йская национа́льная библиоте́ка и́мени М.Е.Салтыко́ва-Щедрина́ 라씨쓰까야 나찌아날나야 비블리아쩨까 이메니 쌀띄꼬바 셰드리나

살트이코프-쉐드린 도서관은 1795년 에카테리나 2세의 명에 따라 왕립도서관으로 설립되었습니다. 일명 'Публи́чка 뿌블리치까'로도 통용됩니다. 1814년 1월14일부터 일반인들에게도 개방되기 시작했습니다. 10월 혁명 후 도서관은 러시아 공립도서관으로 명칭이 바뀌었으며, 1932년에 살트이코프-쉐드린 국립도서관으로 명명되었습니다. 세계 최대의 장서를 자랑하는 도서관중 하나인 이 도서관에는 역사적인 인물들과 수많은 학자들이 연구하고 있습니다.

7 7 . 공부하고 있는 외국어

☺ Ты у́чишь англи́йский язы́к?

☻ Да, я учу́ англи́йский язы́к. А ты?

☺ Я учу́ англи́йский, ру́сский и францу́зский языки́ в университе́те.

너는 영어를 공부하니?

응, 난 영어를 공부해. 넌?

나는 영어, 러시아어, 프랑스어를 대학교에서 공부해.

☞ учи́ть, изуча́ть 모두 '공부하다'의 의미를 가져요. учи́ть가 학교에서 배운 내용 혹은 배울 내용에 대해 예·복습한다는 의미를 갖는 데 반해, изуча́ть는 독립적으로 연구한다는 의미를 갖습니다.

어휘

у́чишь
우치쉬
(동사) 예 복습하다; 공부하다
учи́ть 단수 2인칭 현재

англи́йский
안글리쓰끼
(형용사) 영국의

язы́к
이즥
(남성) 언어

учу́
우추
(동사) 예 복습하다; 공부하다
учи́ть의 단수 1인칭 현재

ру́сский
루쓰끼
(형용사) 러시아의

францу́зский
프란쭈쓰끼
(형용사) 프랑스의

языки́
이즤끼
(남성) 언어들
язы́к의 복수

в университе́те
부니베르시쩨쩨
대학교에서

✓ 동사 учи́ть 현재변화형

단수1인칭	Я	учу́우추	과목목적격
단수2인칭	ты	у́чишь우치쉬	
단수3인칭	он/она́	у́чит우칠	
복수1인칭	мы 우리	у́чим우침	
복수2인칭	вы 너희, 당신들	у́чите우치쩨	
복수3인칭	они́ 그들	у́чат우찰	

문형

주어-타동사-목적어 : учи́ть

Ты	у́чишь	англи́йский язы́к	?
너는	공부하니?	영어를	

☞ учи́ться '배우다' vs. учи́ть '(배운 것을) 공부하다' учи́ться'배우다'는 자동사로 일반적으로 장소 부사구와 사용됩니다(Я учу́сь в университе́те). 과목을 표현하는 경우 여격이 사용 됩니다. 반면, учи́ть '공부하다'는 타동사로 뒤따르는 과목이름은 목적격이 됩니다:

Я учу́сь ру́сскому языку́. vs. Я учу́ ру́сский язы́к.
'나는 러시아어를 배운다' '나는 (배운) 러시아어를 공부한다'

연습문제

1. 친구가 영어를 공부하고 있는지 확인해 보세요.

예 Ты у́чишь англи́йский язы́к?
Да, я учу́ англи́йский язы́к. А ты?
Я то́же учу́ англи́йский язы́к.

2. 친구의 가족이나 친지가 영어를 공부하고 있는지 확인해 보세요.

예 Твоя́ сестра́ у́чит англи́йский язы́к?

Да, она́ у́чит англи́йский язы́к. А твоя́ сестра́?

Она́ у́чит япо́нский язы́к.

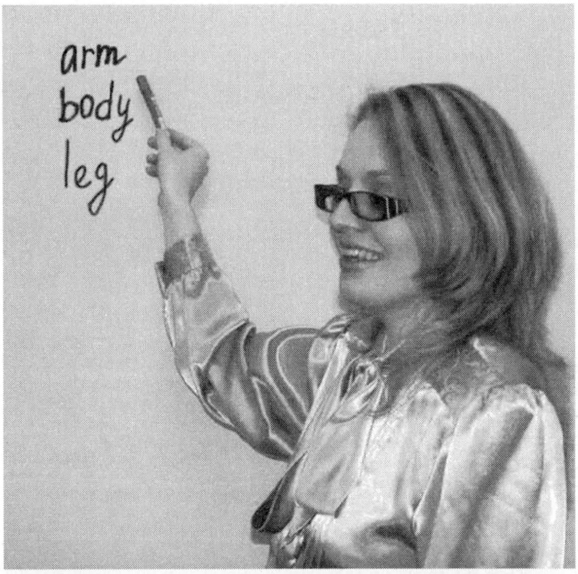

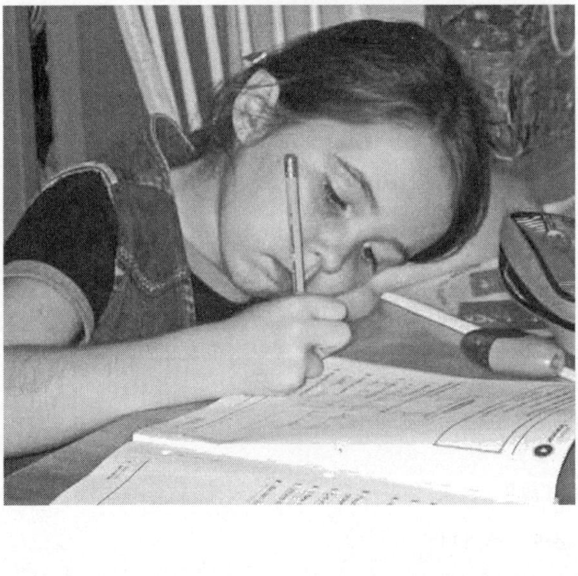

러시아 人, 人, 人

톨스토이 Лев Никола́евич Толсто́й 렐 니깔라이비치 딸쓰또이 1828~1910

작가입니다. 백작 집안의 4남으로, 외가인 볼론스키 공작의 영지였던 야스나야 팔랴나에서 태어났습니다. 처녀작 『유년시대』를 필두로 『전쟁과 평화』, 『안나 카레니나』, 『부활』 등 많은 작품을 남겼습니다.

78. 공부하는 외국어의 흥미 여부

☺ Учи́ть англи́йский язы́к интере́сно?
☻ Да, интере́сно. А ру́сский язы́к?
☺ То́же интере́сно.

영어를 공부하는 것이 재미있니?
응, 재미있어. 그런데 러시아어는 어떠니?
마찬가지로 재미있어.

어휘

учи́ть	(동사) 예.복습하다; 공부하다 동사의 미정형
англи́йский язы́к	영어
интере́сно 인찌레쓰너	(부사) 재미있다
не интере́сно 니인찌레쓰너	재미없다
ру́сский язы́к	러시아어
то́же	(소사) 역시

문형

주어[타동사미정형 목적어] - 술어부사

Учи́ть	англи́йский язы́к	интере́сно	?
공부하는 것은	영어를	재미있니?	

연습문제

1. 친구에게 외국어(영어, 일어, 독일어, 중국어, 프랑스어, 이탈리아어, 스페인어) 공부하는 것이 재미있는지 확인해 보세요.

예 Учи́ть англи́йский язы́к интере́сно?
Да, интере́сно. А ру́сский язы́к?
То́же интере́сно.

неме́цкий язы́к, англи́йский язы́к, япо́нский язы́к, кита́йский язы́к,
니메쯔끼 이직 안글리쓰끼 이직 이뽄쓰끼 이직 끼따이쓰끼 이직
독일어 영어 일본어 중국어
италья́нский язы́к, испа́нский язы́к, коре́йский язы́к
이탈리얀쓰끼 이직 이쓰빤쓰끼 이직 까레이쓰끼 이직
이탈리아어 스페인어 한국어

79. 수학 과목 선호도

☺ Ты лю́бишь матема́тику?
☻ Нет, я не люблю́. А ты?
☺ Я то́же не люблю́ матема́тику.

너는 수학을 좋아하니?
아니, 나는 싫어해. 그런데 너는?
나도 수학을 싫어해.

어휘

лю́бишь 류비쉬	(동사) 좋아한다 люби́ть의 단수 2인칭 현재
матема́тику 마찌마찌꾸	(여성) 수학을 матема́тика의 목적격
коре́йский язы́к 까레이쓰끼 이직	한국어
англи́йский язы́к 안글리쓰끼 이직	영어
литерату́ру 리찌라뚜루	(여성) 문학을 литерату́ра의 목적격
фи́зику 피지꾸	(여성) 물리학을 фи́зика의 목적격
му́зыку 무즈꾸	(여성) 음악을 му́зыка의 목적격
физкульту́ру 피쓰꿀뚜루	(여성) 체육을 физкульту́ра의 목적격
языкозна́ние 이즈까즈나니에	(중성) 언어학
сочине́ние 싸치네니에	(중성) 작문

како́й (의문대) 어떤
까꼬이

предме́т (남성) 과목
쁘리드멧

✓ 주격과 목적격의 비교

	주격	목적격	어미변화
남성	ру́сский язы́к	ру́сский язы́к	주격=목적격
여성	физкульту́ра	физкульту́ру	а — у
중성	языкозна́ние	языкозна́ние	주격=목적격

☞ 러시아어 남성명사의 목적격은 사람을 비롯한 활동체(생물체)의 경우에는 생격과 같고, 불활동체(무생물체)인 경우에는 주격과 같아요. 따라서 '러시아어'나 '언어학' 등과 같이 생물체가 아닌 단어들은 주격과 목적격의 형태가 같습니다.

문 형

주어-타동사-목적어(여성명사목적격) : люби́ть

Ты	лю́бишь	матема́тику	?
너는	좋아하니?	수학을	

연습문제

1. 친구가 좋아하는 과목을 확인해 보세요.

예 Ты лю́бишь литерату́ру?
Нет, я не люблю́ литерату́ру. Я люблю́ физкульту́ру. А ты?
Я люблю́ литерату́ру.

2. 친구의 가족 친지가 좋아하는 과목을 확인해 보세요.

예 Твоя́ сестра́ лю́бит физкульту́ру?

Да, она́ лю́бит физкульту́ру. А твоя́ сестра́?

Моя́ сестра́ не лю́бит физкульту́ру.

예 Како́й предме́т лю́бит твой брат?

Он лю́бит англи́йский язы́к. А твой брат?

Он лю́бит кита́йский язы́к.

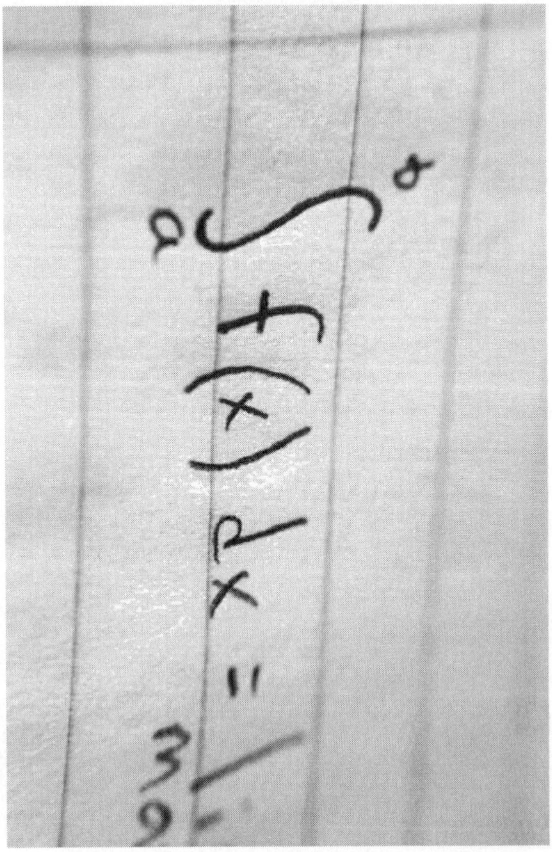

러시아 人, 人, 人

빅토르 최 Ви́ктор Робе́ртович Цой 빅떠르 라베르떠비치 쪼이 1962~1990

한국계 록가수입니다. 러시아 레닌그라드(지금의 상트 페테르부르크)에서 태어났습니다. 그룹 '키노(Кино́)'의 리더로 구소련의 젊은이들로부터 큰 인기와 명성을 얻었습니다. 1990년 8월15일 라트비아의 수도 리가 근처에서 교통사고로 사망했습니다. 대표곡으로는 'Ле́то(여름)', 'Война́(전쟁)', 'Гру́ппа кро́ви(혈액형) 등이 있습니다.

80. 러시아어 학습 난이도

☺ Учи́ть ру́сский язы́к сло́жно?

☻ Нет, не сло́жно. О́чень интере́сно.

☻ Я люблю́ учи́ть ру́сский язы́к.

러시아어를 공부하는 것이 어렵니?
아니, 어렵지 않아. 매우 재미있어.
나는 러시아어를 공부하는 것을 좋아해.

어휘

учи́ть	(동사) 공부하다
ру́сский язы́к 루쓰끼 이즥	러시아어
сло́жно 쓸로즈너	(부사) 복잡하다, 어렵다
о́чень 오친	(부사) 매우
интере́сно 인찌레쓰너	(부사) 재미있다
люблю́ 류블류	(동사) 사랑하다 люби́ть의 단수 1인칭 현재

일의 정도를 나타내는 부사

легко́리흐꼬 쉽다, **норма́льно**나르말녀 괜찮다, **несло́жно**니쓸로즈너 복잡하지 않다, **сло́жно**쓸로즈너 복잡하다

☞ тру́дно는 물리적으로 힘들다는 의미에서 어렵다는 것을 뜻합니다. сло́жно는 복잡하다는 의미의 어려움을 뜻합니다.

✓ 동사 учи́ть 현재변화형

단수1인칭	Я	учу́우추	-у
단수2인칭	ты	у́чишь우치쉬	-ишь
단수3인칭	он/она́	у́чит우칱	-ит
복수1인칭	мы 우리	у́чим우침	-им
복수2인칭	вы 너희, 당신들	у́чите우치쩨	-ите
복수3인칭	они́ 그들	у́чат우챁	-ат

문형

주어[타동사미정형 목적어] - 술어부사.

Учи́ть	ру́сский язы́к	сло́жно	?
공부하는 것이	러시아어를	어렵니?	

주어-타동사-목적어[타동사미정형 목적어]

Я	люблю́	учи́ть	ру́сский язы́к	.
나는	사랑한다.	공부하는 것을	러시아어를	

연습문제

1. 친구가 다른 외국어를 공부하는 것이 어려운지 확인해 보세요.

неме́цкий язы́к, англи́йский язы́к, япо́нский язы́к, кита́йский язы́к,
니메쯔끼 이집 안글리쓰끼 이집 이뽄쓰끼 이집 끼따이쓰끼 이집
италья́нский язы́к, испа́нский язы́к, коре́йский язы́к, ру́сский язы́к
이딸리얀쓰끼 이집 이쓰빤쓰끼 이집 까레이쓰끼 이집 루쓰끼 이집

예 Учи́ть ру́сский язы́к сло́жно?
Нет, не сло́жно. Очень интере́сно.
Я люблю́ учи́ть ру́сский язы́к.

81. 너는 숙제를 어디서 하니?

☺ Где ты де́лаешь дома́шнее зада́ние?
☻ Я де́лаю дома́шнее зада́ние до́ма. А ты?
☺ Я в библиоте́ке.

너는 숙제를 어디에서 하니?
나는 집에서 숙제를 해. 그런데 너는?
나는 도서관에서.

어휘

где 그제	(의문사) 어디에서
де́лаешь 젤라이쉬	(동사) 하다 де́лать의 단수 2인칭 현재
дома́шнее 다마쉬네에	(형용사) 집의
зада́ние 자다니에	(중성) 과제
дома́шнее зада́ние	숙제
до́ма 도마	(부사) 집에서
в библиоте́ке (브)비블리아쩨께	도서관에서 библиоте́ка의 전치격

✓ 동사 де́лать 현재변화형

단수1인칭	Я	де́лаю	-ю
단수2인칭	ты	де́лаешь	-ешь
단수3인칭	он/она́	де́лает	-ет
복수1인칭	мы 우리	де́лаем	-ем
복수2인칭	вы 너희, 당신들	де́лаете	-ете
복수3인칭	они́ 그들	де́лают	-ют

문형

Где 주어-타동사-목적어?　　　в (주어-타동사-목적어) 장소전치격

(주어-타동사-목적어) 장소부사

Где	ты	де́лаешь	дома́шнее зада́ние	?
어디에서	너는	하니?	숙제를	

(я де́лаю дома́шнее зада́ние)	в библиоте́ке	.
(나는 숙제를 해)	도서관에서	

(я де́лаю дома́шнее зада́ние)	до́ма	.
(나는 숙제를 해)	집에서	

연습문제

1. 친구에게 숙제를 어디에서 하는 지 물어보세요.

예 Где ты де́лаешь дома́шнее зада́ние?
Я де́лаю дома́шнее зада́ние до́ма. А ты?
Я в университе́те.

러시아 人, 人, 人

메치니코프 Илья́ Ильи́ч Ме́чников 일리야 일리치 메치니꼬프 1845~1916

유태계 동물학자이자 의학자입니다. 하리코프 현에서 태어나 하리코프 대학에서 동물학을 전공했습니다. 4년제 과정을 2년 만에 졸업한 그는 뮌헨 등으로 유학을 다녀온 후, 1870년에 오데사 대학의 교수가 되었습니다. 1888년 프랑스의 파스퇴르 연구소 연구원으로 초빙되어 그곳에서 생을 마칠 때까지 연구를 계속했습니다. 그는 인간의 면역에 관한 연구로 1908년 P. 에를리히와 공동으로 노벨 생리학, 의학상을 받았습니다. 만년에는 불가리아에 장수하는 사람이 많은 것을 보고 이것은 요구르트 복용 때문이라고 하여 장수의 방법으로 요구르트 섭취를 권하기도 하였습니다.

82. 어제 숙제 있었니?

☺ Вчерá у тебя́ бы́ло домáшнее задáние?
☻ Да, у меня́ бы́ло. А у тебя́?
☺ У меня́ тóже бы́ло домáшнее задáние.
☻ Где ты дéлала своё домáшнее задáние?
☺ Я дóма. А ты?
☻ Я дéлала в библиотéке университéта.

너는 어제 숙제가 있었니?
응. 나는 있었어. 그런데 너는?
나도 숙제가 있었어.
너는 어디에서 네 숙제를 했니?
나는 집에서. 그런데 너는?
나는 대학교 도서관에서 했어.

어휘

вчерá 프치라	(부사) 어제
своё 쓰바요	(재귀대) 자신의 свой의 중성
бы́ло 빌러	(동사) 있었다 быть 동사 과거 중성
дéлала 젤랄라	(동사) 했다 дéлать 동사 과거 여성
домáшнее задáние 다마쉬네에 자다니에	숙제
университéта 우니비르씨쩨따	(남성) 대학 университéт의 생격

в библиоте́ке
(브)비블리아쩨꼐

도서관에서
библиоте́ка의 전치격

✓ 동사 과거형태 : быть

	인칭대명사	동사과거형	비교
단수	남성(я, ты, он)	был	-л
	여성(я, ты, она́)	была́	-ла
	중성(оно́)	бы́ло	-ло
복수	мы, вы, они́	бы́ли	-ли

✓ 동사 과거형태 : делать

	인칭대명사	동사과거형	비교
단수	남성(я, ты, он)	де́лал	-л
	여성(я, ты, она́)	де́лала	-ла
복수	мы, вы, они́	де́лали	-ли

문형

У 사람생격 구문에서의 주어와 술어과거의 성 일치

: У 사람생격 быть과거성 사물성

У тебя́	бы́ло	дома́шнее зада́ние	?
너는	있었니?	숙제가	

был남성 사물남성 : У меня́ был стол

была́여성 사물여성 : У меня́ была́ кни́га

бы́ло중성 사물중성 : У меня́ бы́ло я́блоко

연습문제

1. 친구에게 어제 숙제가 있었는지 물어 보세요.

예 Вчера́ у тебя́ бы́ло дома́шнее зада́ние?
Да, у меня́ бы́ло. А у тебя́?
У меня́ то́же бы́ло дома́шнее зада́ние.

2. 친구에게 예전에 다음과 같은 물건들이 있었는지 확인해 보세요.

слова́рь	телефо́н	дома́шнее зада́ние	кни́га
я́блоко야블러꺼 사과	ру́чка루치까 펜	де́ньги젠기 돈	

예 У тебя́ бы́ло дома́шнее зада́ние?
Да, у меня́ бы́ло. А у тебя́ был слова́рь?
Да, у меня́ был слова́рь.

러시아 人, 人, 人

나보코프 Влади́мир Влади́мирович Набо́ков

블라지미르 블라지미러비치 나보꼬프 1899~1977

작가입니다. 페테르부르크의 명문 귀족 집안에서 태어났습니다. 아버지는 자유주의 성향의 정치가로, 혁명 후 1919년 온가족이 영국으로 도피하였기 때문에 나보코프도 영국의 캠브리지 대학에서 공부하였습니다. 시린(Sirin)이라는 필명으로 문학 활동을 시작했으며 『마센카』, 『루진의 방어』 등의 소설을 발표해서 젊은 세대의 대표 작가로서의 지위를 확립했습니다. 그 후 미국으로 이주, 1941년 첫 영어 소설 『세바스티언 나이트의 참된 생애』를 발표하면서 영어 작가로 변신했습니다. 1955년 파리에서 출판한 『롤리타』의 성공으로 일약 세계적 명성을 얻었습니다.

83. 여름 방학 계획

☺ Что ты бу́дешь де́лать на ле́тних кани́кулах?
☻ Я бу́ду занима́ться ру́сским языко́м в Москве́. А ты?
☺ Я бу́ду занима́ться англи́йским языко́м в Аме́рике.

여름 방학에 너는 무엇을 할 거니?
나는 모스크바에서 러시아어를 공부하려고 해. 너는?
나는 미국에서 영어를 공부할거야.

어휘

что 쉬또	(의문사) 무엇을, 주격=목적격
бу́дешь 부지쉬	(동사) ~할 것이다 быть의 단수 2인칭 미래
де́лать 젤라찌	(동사) 하다, 만들다, 미정형
бу́ду 부두	(동사) ~할 것이다 быть의 단수 1인칭 미래
на ле́тних кани́кулах 날레뜨니흐 까니꿀라흐	여름 방학에 ле́тные кани́кулы 전치격
занима́ться 자니마짜	(동사) 공부하다, 종사하다 조격 지배 동사
ру́сским языко́м 루쓰낌 이즤꼼	러시아어 ру́сский язы́к의 조격
занима́ться ру́сским языко́м 자니마짜 루쓰낌 이즤낌	러시아어를 공부하다
в Москве́ 브마쓰끄베	모스크바에서
англи́йским языко́м 안글리쓰낌 이즤꼼	영어 англи́йский язы́к의 조격

✓ 동사 быть 변화형

단수1인칭	Я	бу́ду	-у
단수2인칭	ты	бу́дешь	-ешь
단수3인칭	он/она́	бу́дет	-ет
복수1인칭	мы 우리	бу́дем	-ем
복수2인칭	вы 너희, 당신들	бу́дете	-ете
복수3인칭	они́ 그들	бу́дут	-ут

✓ 동사 занима́ться 현재변화형

단수1인칭	Я	занима́юсь	-юсь
단수2인칭	ты	занима́ешься	-ешься
단수3인칭	он/она́	занима́ется	-ется
복수1인칭	мы 우리	занима́емся	-емся
복수2인칭	вы 너희, 당신들	занима́етесь	-етесь
복수3인칭	они́ 그들	занима́ются	-ются

문형

동사의 미래: быть 동사의 변화형 + 동사미정형

Что	ты	бу́дешь де́лать	на ле́тних кани́кулах	?
무엇을	너는	~할 거니?	여름방학에	

연습문제

1. 친구에게 여름 방학에 무슨 계획이 있는지 확인해 보세요.

예 Что ты бу́дешь де́лать на ле́тних кани́кулах?
Я бу́ду занима́ться ру́сским языко́м в Москве́. А ты?
Я бу́ду занима́ться англи́йским языко́м в Аме́рике.

2. 친구의 가족이나 친지가 여름 방학에 무슨 계획이 있는지 확인해 보세요.

예 Что бу́дет де́лать твой брат на ле́тних кани́кулах?
Он бу́дет занима́ться ру́сским языко́м в Москве́. А твоя́ сестра́?
Она́ бу́дет занима́ться англи́йским языко́м в Аме́рике.

러시아 풍경

넷째 이야기 :

언어와 국가 이야기

Четвёртые разгово́ры. Разгово́ры о языка́х и на́циях.
치뜨뵤르띄에 라즈가보릐 라즈가보릐 아이즤까흐 이 나찌야흐

84. 언어 이해

Ты зна́ешь ру́сский язы́к?
Да, я зна́ю. А ты?
Я зна́ю ру́сский, англи́йский и кита́йский язы́ки.

85. 언어별 독서

Ты чита́ешь по-ру́сски?
Да, я чита́ю по-ру́сски немно́го. А ты?
Я чита́ю по-ру́сски, по-англи́йски, по-япо́нски и по-кита́йски.

86. 러시아어로 노래 부를 수 있니?

Ты поёшь по-ру́сски?
Да, я пою́.
Каки́е пе́сни ты поёшь по-ру́сски?
Я пою́ пе́сни “Катю́ша” и “Подмоско́вные вечера́”.

87. 시에 대한 선호도

Ты лю́бишь стихи́?
Да, я люблю́ стихи́. А ты?
Я не люблю́ стихи́.

88. 시 감상 여부

Ты чита́ешь стихи́?
Нет, я не чита́ю стихи́. А ты?
Я то́же не чита́ю стихи́.

89. 영화 감상 여부

Ты смо́тришь фи́льмы?
Да, я иногда́ смотрю́ фи́льмы. А ты?
Я то́же иногда́ смотрю́ фи́льмы.

90. 국산영화인가, 미국영화인가?

Тебе́ нра́вятся америка́нские фи́льмы?
Да, мне нра́вятся америка́нские фи́льмы. А тебе́?
Мне нра́вятся коре́йские фи́льмы.

91. 특정 국가에 대한 선호 감성

Тебе́ нра́вится Япо́ния?
Да, мне нра́вится. А тебе́?
Мне не нра́вится.

92. 특정 국가에 대한 선호 감정(북한)

Тебе́ нра́вится Се́верная Коре́я?
Нет, мне не нра́вится. А Кита́й?
Я не зна́ю о Кита́е.

93. ROTC 호감도

Тебе́ нра́вится ROTC?
Да, мне нра́вится ROTC. А тебе́?
Мне то́же нра́вится ROTC.

84. 언어 이해

☺ Ты зна́ешь ру́сский язы́к?

☻ Да, я зна́ю. А ты?

☺ Я зна́ю ру́сский, англи́йский и кита́йский языки́.

너는 러시아어를 아니?

응, 나는 알아. 그런데 너는?

나는 러시아어, 영어, 중국어를 알아.

어휘

зна́ешь 즈나이쉬	(동사) 안다 знать의 단수 2인칭 현재
зна́ю 즈나유	(동사) 안다 знать의 단수 1인칭 현재
ру́сский 루쓰끼	(형용사) 러시아의
язы́к 이즥	(남성) 언어
англи́йский 안글리쓰끼	(형용사) 영국의
кита́йский 끼따이쓰끼	(형용사) 중국의
языки́ 이즤끼	(남성) 언어들 язы́к의 복수
япо́нский 이뽄쓰끼	(형용사) 일본의
испа́нский 이쓰빤쓰끼	(형용사) 스페인의

французский (형용사) 프랑스의
푸란쭈쓰끼

немецкий (형용사) 독일의
니메쯔끼

итальянский (형용사) 이탈리아의
이딸랸쓰끼

✓ 동사 знать 현재변화형

단수1인칭	Я	знаю	-ю
단수2인칭	ты	знаешь	-ешь
단수3인칭	он/она	знает	-ет
복수1인칭	мы 우리	знаем	-ем
복수2인칭	вы 너희, 당신들	знаете	-ете
복수3인칭	они 그들	знают	-ют

문형

주어-타동사-목적어[형용사남성단수, 형용사남성단수 명사남성복수]

Ты	знаешь	русский язык	?
너는	아니?	러시아어를	

Я	знаю	английский	корейский	китайский	языки	.
나는	안다.	영국의	한국의	중국의	언어들을	

연습문제

1. 친구가 어떤 언어를 아는지 확인해 보세요.

예 Ты зна́ешь ру́сский язы́к?
Да, я зна́ю. А ты?
Я зна́ю ру́сский, англи́йский и кита́йский языки́.

2. 친구의 가족 친지가 어떤 언어를 아는지 확인해 보세요.

예 Твой па́па зна́ет япо́нский язы́к?
Да, он зна́ет немно́го. А твой па́па?
Мой па́па не зна́ет япо́нский язы́к. Он зна́ет англи́йский и кита́йский языки́.

러시아 人, 人, 人

세로프의 '복숭아를 가진 소녀'

세로프 Валенти́н Алекса́ндрович Серо́в 발린찐 알릭싼드러비치 씨롭 1865~1911

화가입니다. 페테르부르크에서 태어난 그는 일리야 레핀에게 그림을 배운 후, 파리로 유학, 큰 성공을 거둡니다. 세로프는 사회와 인간에 대해 깊은 관심을 가지고, 현실의 모습을 예리하고 생생하게 묘사하였습니다. 세로프는 러시아 미술계에서 프롤레타리아 미술의 창시자 중 한 명으로 평가받고 있습니다.

85. 언어별 독서

☺ Ты чита́ешь по-ру́сски?

☻ Да, я чита́ю по-ру́сски немно́го. А ты?

☺ Я чита́ю по-ру́сски, по-англи́йски, по-япо́нски и по-кита́йски.

너는 러시아어로 읽을 수 있니?

응, 나는 러시아어로 조금 읽어. 그런데 너는?

나는 러시아어, 영어, 일어, 중국어로 읽어.

어휘

чита́ешь 치따이쉬	(동사) 읽는다 чита́ть의 단수 2인칭 현재
чита́ю 치따유	(동사) 읽는다 чита́ть의 단수 1인칭 현재
немно́го 님노거	(부사) 조금
хорошо́ 하라쇼	(부사) 잘
чуть-чу́ть 출-출	(부사) 약간
по-ру́сски 빠루쓰끼	러시아어로
по-англи́йски 빠안글리쓰끼	영어로
по-коре́йски 빠까레이쓰끼	한국어로
по-япо́нски 빠이뽄쓰끼	일본어로

по-китáйски
빠끼따이쓰끼
중국어로

по-испáнски
빠이쓰빤쓰끼
스페인어로

по-немéцки
빠니메쯔끼
독일어로

по-францу́зски
빠프란쭈쓰끼
프랑스어로

✓ 동사 читáть 현재변화형

단수1인칭	Я	читáю	-ю
단수2인칭	ты	читáешь	-ешь
단수3인칭	он/онá	читáет	-ет
복수1인칭	мы 우리	читáем	-ем
복수2인칭	вы 너희, 당신들	читáете	-ете
복수3인칭	они́ 그들	читáют	-ют

문 형

주어-타동사-(목적어)-부사: Я читáю (кни́ги) по-англи́йски.

Ты	читáешь	по-англи́йски	?
너는	읽니?	영어로	

Я	читáю	по-англи́йски	.
나는	읽는다.	영어로	

연습문제

1. 친구가 영어(по-англи́йски)나 프랑스어(по-францу́зски)로 읽는지 확인해 보세요.

예 Ты чита́ешь по-ру́сски?

Да, я чита́ю по-ру́сски немно́го. А ты?

Я чита́ю по-ру́сски, по-япо́нски и по-кита́йски.

2. 친구의 가족이나 친지가 일어로 읽는지 확인해 보세요.

예 Твой па́па чита́ет по-япо́нски?

Нет, он не чита́ет по-япо́нски. А твой па́па?

Мой па́па чита́ет по-япо́нски немно́го.

러시아 人, 人, 人

알라 푸가쵸바 А́лла Пугачёва 알라 뿌가쵸바 1949~

러시아의 국민가수인 알라 푸가쵸바는 모스크바에서 태어났습니다. 1956년부터 음악 공부를 시작한 그녀는 1965년 '로봇'이라는 곡으로 큰 성공을 거둡니다. 이 후 대성한 알라 푸가쵸바는 자신의 명곡 '백만송이의 장미'로 전 세계인들의 사랑을 받았습니다. '백만송이의 장미'는 우리나라의 가수 심수봉이 번안하여 불러 우리에게도 친숙한 노래입니다. 알라 푸가쵸바는 지금까지도 러시아인들에게 가장 사랑받는 가수입니다.

러시아 노래 (3)

Миллио́н а́лых роз.	밀리온 알릐흐 로쓰
Жил-был худо́жник оди́н,	쥘-빌 후도즈닉 아진
До́мик име́л и холсты́,	도믺 이멜릐 할쓰띄
Но он актри́су люби́л,	노 온 악뜨리쑤 류빌
Ту,что люби́ла цветы́.	뚜, 쉬또 류빌라 쯔비띄
Он тогда́ про́дал свой дом,	온 따그다 쁘로달 쓰보이 돔
Про́дал карти́ны и кров	쁘로달 까르찌늬 이끄롶
И на все де́ньги купи́л	이나프쎄 젠기 꾸삘
Це́лое мо́ре цвето́в.	쩰러에 모레 쯔베똪
Утром ты вста́нешь у окна́,	우뜨럼 뜨이 프쓰따니쉬 우아끄나
Мо́жет, сошла́ ты с ума́.	모젵, 싸슬라 뜨이 쑤마
Как продолже́ние сна	깍 쁘라달줴니에 쓰나
Пло́щадь цвета́ми полна́.	쁠로시찌 쯔비따미 빨나
Похолоде́ет душа́,	빠할라제잍 두솨
Что за бога́ч здесь чуди́л?	쉬또 자바가치 즈제씨 추질
А под окно́м чуть дыша́,	아 빠다끄놈 춭 듸솨
Бе́дный худо́жник стои́т.	베드늬 후도즈닉 쓰따잍
Встре́ча была́ коротка́	프쓰뜨레차 빌라 까라뜨까
В ночь её по́езд увёз.	브노치 이요 뽀이쓰뜨 우뵤쓰
Но в её жи́зни была́	노 브이요 쥐즈니 빌라
Пе́сня безу́мная роз.	뻬쓰냐 비줌나야 로쓰
Про́жил худо́жник оди́н	쁘로쥘 후도즤닠 아진
Мно́го он бед перенёс,	므노거 온 벧 뻬리뇨쓰
Но в его́ жи́зни была́	노 브이보 쥐즈니 빌라
Це́лая пло́щадь цвето́в.	쩰라야 쁠로시찌 쯔비똪
(Припе́в*)	(후렴)
Миллио́н, миллио́н, миллио́н а́лых роз	밀리온, 밀리온, 밀리온 알릐흐 로쓰
Из окна́, из окна́, из окна́ ви́дишь ты.	이자끄나, 이자끄나, 이자끄나 비지쉬 뜨이

Кто влюблён, кто влюблён, кто влюблён и всерьёз. 끄또 블류블론, 끄또 블류블론, 끄또 블류블론 이프씨료쓰
Свою́ жизнь для тебя́ преврати́т в цветы́. 쓰바유 쥐즌 들랴찌뱌 쁘리브라찔 프쯔비띄

백만송이 붉은 장미

옛날에 한 화가가 살았지.
작은 집과 캔버스만을 가졌지만,
그는 한 여배우를 사랑했고,
그 여배우는 꽃을 매우 좋아했지.

그래서 그는 자신의 집을 팔았지,
그림들도 거처할 곳도 모두.
그리고 판 돈 전부로
바다만큼이나 많은 꽃들을 샀지.

아침에 너는 창가에 서서,
아마도 넋을 잃을 거야.
마치 꿈이 계속되는 것처럼,
광장은 꽃으로 가득 차 있네.

정신을 차려 냉정해지면 궁금해 하겠지.
과연 어떤 부자가 여기를 이렇게 바꿔 놓았을까?
반면 창 아래에서는 숨도 쉬지 못한 채,
불쌍한 화가가 서 있다네.

만남은 짧았지.
새벽기차가 그녀를 태워 떠났지만,
그녀의 삶 속에는
정신을 혼미케 하는 장미의 노래가 있었다네.

화가는 홀로 살았지.
많은 고난을 겪어 냈지만,
그의 삶 속에는
온통 꽃들로 가득한 그 광장이 있었다네.

(후렴)
백 만송이, 백 만송이, 백 만송이 붉은 장미를
창을 통해, 창을 통해, 창을 통해 너는 보고 있네.
사랑에 빠진, 사랑에 빠진, 사랑에 푹 빠진 사람은
너를 위해 자신의 삶을 꽃으로 변화시킬 거라네.

86. 러시아어로 노래 부를 수 있니?

☺ Ты поёшь по-ру́сски?
☻ Да, я пою́.
☺ Каки́е пе́сни ты поёшь по-ру́сски?
☻ Я пою́ пе́сни "Катю́ша" и "Подмоско́вные вечера́".

너는 러시아어로 노래 부르니?
응, 나는 불러.
너는 러시아어로 어떤 노래를 부르니?
나는 '카츄샤'와 '모스크바근교의 밤'이란 노래를 불러.

어휘

поёшь 빠요쉬	(동사) 노래 부른다 петь의 단수 2인칭 현재
пою́ 빠유	(동사) 노래 부른다 петь의 단수 1인칭 현재
каки́е 까끼에	(의문대) 어떤 како́й의 복수
пе́сни 뻬쓰니	(여성) 노래들 пе́сня의 복수
пе́сню 뻬쓰뉴	(여성) 노래를 пе́сня의 목적격
Катю́ша 까쮸쌰	(고유명사) 여자이름 Екатери́на의 애칭
Подмоско́вные 빠드마쓰꼬브늬에	(형용사) 모스크바 근교의 Подмоско́вный의 복수
вечера́ 비치라	(남성) 저녁들 ве́чер의 복수

✓ 동사 петь 현재변화형

단수1인칭	Я	пою́	-ю
단수2인칭	ты	поёшь	-ёшь
단수3인칭	он/она́	поёт	-ёт
복수1인칭	мы 우리	поём	-ём
복수2인칭	вы 너희, 당신들	поёте	-ёте
복수3인칭	они́ 그들	пою́т	-ют

문형

① 주어-타동사-(목적어)-부사: я пою́ (пе́сни) по-ру́сски.

Ты	поёшь	по-ру́сски	?
너는	노래를 부르니?	러시아어로	

Я	пою́	по-ру́сски	.
나는	부른다.	러시아어로	.

② 주어[의문대복수 명사복수]-타동사-목적어

Каки́е пе́сни	ты	поёшь	?
어떤 노래들을	너는	부르니	?

Я	пою́	пе́сни	"Катю́ша" и "Подмоско́вные вечера́"	.
나는	부른다.	노래들을	카츄샤와 모스크바 근교의 밤을	

☞ 노래와 노래제목은 동격으로, '카츄샤와 모스크바 근교의 밤'이라는 노래를 부른다로 해석합니다. 이때 Катю́ша 는 노래제목이기 때문에 목적격(Катю́шу)으로 바꾸지 않습니다.

연습문제

1. 친구가 영어로(по-англи́йски) 노래를 부를 수 있는지 확인해 보세요.

예 Ты поёшь по-ру́сски?
Да, я пою́.
Каки́е пе́сни ты поёшь по-ру́сски?
Я пою́ пе́сни Катю́ша и Подмоско́вные вечера́.

2. 친구의 가족과 친지가 영어로 노래를 부를 수 있는지 확인해 보세요.

예 Твой брат поёт по-англи́йски?
Да, мой брат поёт по-англи́йски.
Каки́е пе́сни поёт твой брат?
Он поёт пе́сню "Amazing Grace".

러시아 人, 人, 人

푸쉬킨 Алекса́ндр Серге́евич Пу́шкин 알렉싼드르 씨르게이비치 뿌쉬낀 1799~1837

러시아 국민문학의 창시자입니다. 유치원에서부터 그의 작품을 접할 만큼 푸쉬킨은 러시아인에게 정신적으로 커다란 부분을 차지하고 있습니다. 그의 주요 작품으로는『보리스 고두노프』,『예브게니 오네긴』,『벨킨 이야기』,『스페이드의 여왕』등이 있습니다.

Стихи́ Алекса́ндра Пу́шкина

알렉산드르 푸쉬킨의 시

Если жизнь тебя́ обма́нет, 에쓸리 쥐즌 찌뱌 아브만닡	삶이 그대를 속일지라도
Не печа́лься, не серди́сь! 니뻬찰쌰 니씨르지씨	슬퍼하거나 노하지 말라.
В день уны́ния смири́сь: 브젠 우늬니야 쓰미리씨	슬픈 날엔 참고 견디라
День весе́лья, верь, наста́нет. 젠 비쎌리야 베리 나쓰따닡	즐거운 날이 오고야 말리니
Се́рдце в бу́дущем живёт; 쎄르쩨 (브)부두쉠 쥐뵽	마음은 미래에 사는 것
Настоя́щее уны́ло: 나쓰따야쉐 우늴로	현재는 슬픈 것.
Всё мгнове́нно, всё пройдёт; 프숌그노벤너 프숖라이죹	모든 것은 순간에 지나가고
Что пройдёт, то бу́дет ми́ло. 쉬똪라이죹 또 부짙 밀러	지난 것은 소중한 것이 되리니.

어휘

стихи́ 쓰찌히	(남성) 시 стих의 복수
Алекса́ндра Пу́шкина 알릭산드라 뿌쉬끼나	(고유명) 알렉산더 푸쉬킨의 Алекса́ндр Пу́шкин의 생격
Если 에슬리	(접속사) 만약, ~라면
жизнь 쥐즌	(여성) 인생, 삶
тебя́ 찌뱌	(대명사) 너를
обма́нет 아브마닡	(동사) 속이다 обману́ть의 단수 3인칭 현재
печа́лься 삐찰싸	(동사) 슬퍼하라 печа́литься의 단수 2인칭 명령형
серди́сь 씨르지씨	(동사) 노여워하라 серди́ться의 단수 2인칭 명령형
в день 브젠	날에 전치사 + день 남성명사 목적격
уны́ния 우늬니야	(중성) 슬픔 уны́ние의 단수 생격
смири́сь 쓰미리씨	(동사) 참아라 смири́ться의 단수 2인칭 명령형
весе́лья 비쎌리야	(중성) 기쁨 весе́лье의 단수 생격
верь 베리	(동사) 믿어라 ве́рить의 단수 2인칭 명령형
наста́нет 나쓰따닡	(동사) 올 것이다 наста́ть의 단수 3인칭. 완료상
се́рдце 쎄르쩨	(중성) 마음, 심장
в бу́дущем 브부두쉠	미래에 전치사 в + бу́дущее 중성명사 전치격
живёт 쥐뵡	(동사) 살다 жить의 단수 3인칭 현재

настоя́щее
나쓰따야쉐
(중성) 현재

уны́ло
우늴러
(형용사) 슬프다

всё
프쑈
(대명사) 모든 것
весь의 중성

мгнове́нно
므그나벤너
(부사) 순간적이다

пройдёт
쁘라이쬬
(동사) 지나갈 것이다
пройти́의 단수 3인칭. 완료상

что
쉬또
(접속사) [문장]~하는 것은

то
또
(대명사) 관계대명사의 선행사

бу́дет
부짙
(동사) ~일 것이다
быть의 단수 3인칭 미래

ми́ло
밀러
(형용사) 소중하다, 사랑스럽다
ми́лый의 단어미 중성

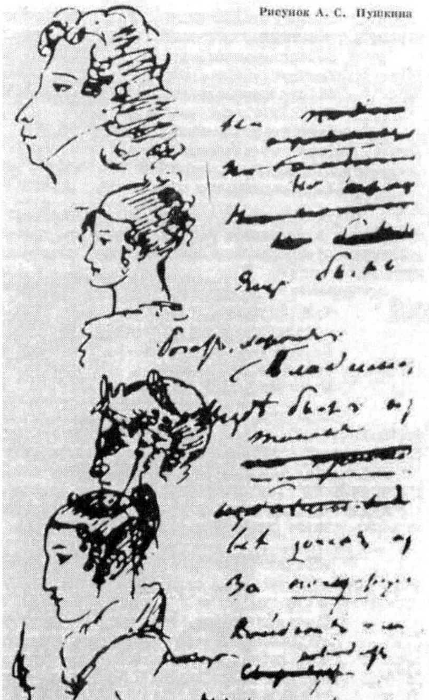
Рисунок А. С. Пушкина

러시아 人, 人, 人

예세닌 Сергéй Алексáндрович Есéнин 씨르게이 알릭싼드러비치 이쎄닌 1895~1925

시인입니다. 중부 러시아 랴잔에서 농민의 아들로 태어났습니다. 1912년에 모스크바로 온 예세닌은 인쇄소 등에서 일하면서 시를 쓰기 시작했습니다. 1915년 상트 페테르부르크에서 상징주의 시인 블록과 벨르이를 만나 영향을 받았습니다. 20세 때 처녀시집 『라두니차』로 시단에 데뷔했습니다. 러시아 농촌의 자연과 생활을 노래한 섬세한 서정시와 러시아 민중의 역사에 관한 서사시 등으로 유명하여 "마지막 농촌시인"이라고도 불립니다. 1925년 12월 상트 페테르부르크의 한 호텔에서 "친구여 안녕"이라는 시를 남기고 자살로 생을 마감합니다.

87. 시에 대한 선호도

☺ Ты лю́бишь стихи́?
☻ Да, я люблю́ стихи́. А ты?
☺ Я не люблю́ стихи́.

너는 시를 좋아하니?
응, 나는 시를 좋아해. 그런데 너는?
나는 시를 좋아하지 않아.

어휘

лю́бишь
류비쉬
(동사) 좋아한다.
люби́ть의 단수 2인칭 현재

стихи́
쓰찌히
(남성) 시
стих의 복수

люблю́
류블류
(동사) 좋아한다.
люби́ть의 단수 1인칭 현재

✓ 동사 люби́ть 현재변화형

단수1인칭	Я		люблю́	-ю
단수2인칭	친밀한 관계	ты	лю́бишь	-ишь
	공식적 관계	Вы	лю́бите	-ите
단수3인칭	он/она́		лю́бит	-ит

문형

주어-타동사-목적어: люби́ть

Ты	лю́бишь	стихи́	?
너는	좋아하니?	시를	

Я	люблю́	стихи́	.
나는	좋아한다.	시를	

연습문제

1. 친구가 시를 좋아하는지 확인하세요.

예 Ты лю́бишь стихи́?
Да, я люблю́ стихи́. А ты?
Я не люблю́ стихи́.

2. 친구의 가족이나 친지가 시를 좋아하는지 확인해 보세요.

남성	твой па́па 너의 아빠	твой брат 너의 남자형제
	мой па́па 나의 아빠	мой брат 나의 남자형제
	твой друг 너의 친구	твой де́душка 너의 할아버지
	мой друг 나의 친구	мой де́душка 나의 할아버지
여성	твоя́ ма́ма 너의 엄마	твоя́ сестра́ 너의 여자형제
	моя́ ма́ма 나의 엄마	моя́ сестра́ 나의 여자형제
	твоя́ подру́га 네 친구	твоя́ ба́бушка 너의 할머니
	моя́ подру́га 내 친구	моя́ ба́бушка 나의 할머니

예 Твоя́ ма́ма лю́бит стихи́?

Нет, моя́ ма́ма не лю́бит стихи́. А твоя́ ма́ма?

Моя́ ма́ма то́же не лю́бит стихи́.

3. 친구와 그의 가족 친지가 시를 좋아하는지 확인해 보세요.

남성	его́ па́па 그의 아빠 이보 빠빠	его́ брат 그의 남자형제 이보 브랕
	её па́па 그녀의 아빠 이요 빠빠	её брат 그녀의 남자형제 이요 브랕
	его́ друг 그의 친구 이보 드룩	его́ де́душка 그의 할아버지 이보 제두쉬까
	её друг 그녀의 친구 이요 드룩	её де́душка 그녀의 할아버지 이요 제두쉬까
여성	его́ ма́ма 그의 엄마 이보 마마	его́ сестра́ 그의 여자형제 이보 씨쓰뜨라
	её ма́ма 그녀의 엄마 이요 마마	её сестра́ 그녀의 여자형제 이요 씨쓰뜨라
	его́ подру́га 그의 여자 친구 이보 빠드루가	его́ ба́бушка 그의 할머니 이보 바부쉬까
	её подру́га 그녀의 여자 친구 이요 빠드루가	её ба́бушка 그녀의 할머니 이요 바부쉬까

подру́га는 성별이 여자인 친구를 뜻하며 우리말의 여자 친구의 의미로는 де́вушка를 씁니다:
его́ де́вушка '그의 여자 친구' vs. его́ подру́га '그의 (여자인) 친구'

예 Донг Чхол лю́бит стихи́?

Да, он лю́бит стихи́.

А его́ ма́ма лю́бит стихи́?

Да, его́ ма́ма то́же лю́бит стихи́.

러시아 人, 人, 人

막심 고리키 Макси́м Го́рький 막씸 고리끼 1868~1936

본명 페슈코프(Макси́м Алексе́евич ПЕШКОВ)입니다. 니즈니노브고로드에서 출생했습니다. 일찍이 양친을 여의고 가난하게 살면서 각지를 방랑, 독학으로 문학에 뜻을 두었으나 때로는 절망하여 자살을 기도한 적도 있었습니다. 그의 생활은 자전적 3부작 『유년시대』, 『사람들 속에서』, 『나의 대학』에 나타나 있습니다. 1892년 처녀작 『마카르 추드라』로 인정을 받았고 이어 『첼카슈』로 주목을 끌어 코롤렝코, 체홉과 교제하게 되었으며, 제정 러시아의 밑바닥에서 허덕이는 사람들의 생활을 묘사하여 프롤레타리아 문학의 선구가 되었습니다. 한때 볼셰비키 당에 들어가 소설 『어머니』에서 혁명가의 전형을 창조하기도 하였습니다.

88. 시 감상 여부

☺ Ты чита́ешь стихи́?
☻ Нет, я не чита́ю стихи́. А ты?
☺ Я то́же не чита́ю стихи́.

너는 시를 읽니?
아니, 나는 시를 읽지 않아. 그런데 너는?
나도 시를 읽지 않아.

어 휘

чита́ешь
치따이쉬
(동사) 읽는다
чита́ть의 단수 2인칭 현재

стихи́
쓰찌히
(남성) 시

чита́ю
치따유
(동사) 읽는다
чита́ть의 단수 1인칭 현재

✓ 동사 чита́ть 현재변화형

<table>
<tr><td>단수1인칭</td><td colspan="2">Я</td><td>чита́ю</td><td>-ю</td></tr>
<tr><td rowspan="2">단수2인칭</td><td>친밀한 관계</td><td>ты</td><td>чита́ешь</td><td>-ешь</td></tr>
<tr><td>공식적 관계</td><td>Вы</td><td>чита́ете</td><td>-ете</td></tr>
<tr><td>단수3인칭</td><td colspan="2">он/она́</td><td>чита́ет</td><td>-ет</td></tr>
</table>

문형

주어-타동사-목적어: читáть

Ты	читáешь	стихи́	?
너는	읽니?	시를	

Я	читáю	стихи́	.
나는	읽는다.	시를	

연습문제

1. 친구가 시를 읽는지 확인해 보세요.

예 Ты читáешь стихи́?
Нет, я нс читáю стихи́. А ты?
Я тóже не читáю стихи́.

2. 친구의 가족이나 친지가 시를 읽는지 확인해 보세요.

예 Твой пáпа читáет стихи́?
Нет, мой пáпа не читáет стихи́. А твой пáпа?
Мой пáпа тóже не читáет стихи́.

3. 친구와 그 가족이나 친지가 시를 읽는지 확인해 보세요.

예 Сон Ван читáет стихи́?
Да, он читáет стихи́.
А егó пáпа тóже читáет стихи́?
Да, егó пáпа тóже читáет стихи́.

89. 영화 감상 여부

☺ Ты смóтришь фи́льмы?
☻ Да, я иногдá смотрю́ фи́льмы. А ты?
☺ Я тóже иногдá смотрю́ фи́льмы.

너는 영화를 보니?
응, 나는 가끔 영화를 봐. 그런데 너는?
나도 가끔 영화를 봐.

어휘

смóтришь
쓰모뜨리쉬
(동사) 본다
смотрéть의 단수 2인칭 현재

фи́льмы
필르믜
(남성) 영화
фильм의 복수

иногдá
이나그다
(부사) 가끔

смотрю́
쓰마뜨류
(동사) 본다
смотрéть의 단수 1인칭 현재

✓ 동사 смотрéть 현재변화형

단수1인칭	Я		смотрю́ 쓰마뜨류	-ю
단수2인칭	친밀한 관계	ты	смóтришь 쓰모뜨리쉬	-ишь
	공식적 관계	Вы	смóтрите 쓰모뜨리쩨	-ите
단수3인칭	он/онá		смóтрит 쓰모뜨릳	-ит

문형

주어-타동사-목적어: смотре́ть

Ты	смо́тришь	фи́льмы	?
너는	보니?	영화를	

Я	смотрю́	фи́льмы	.
나는	본다.	영화를	

연습문제

1. 친구가 영화를 보는지 확인해 보세요.

예 Ты смо́тришь фи́льмы?
Да, я иногда́ смотрю́ фи́льмы. А ты?
Я то́же иногда́ смотрю́ фи́льмы.

2. 친구의 가족이나 친지가 영화를 보는지 확인해 보세요.

예 Твой па́па смо́трит фи́льмы?
Да, он смо́трит фи́льмы. А твой па́па?
Мой па́па то́же смо́трит фи́льмы.

3. 친구와 그 가족 친지가 영화를 보는지 확인해 보세요.

예 Ха На смо́трит фи́льмы?
Да, она́ смо́трит фи́льмы.
А её де́душка смо́трит фи́льмы?
Нет, её де́душка не смо́трит фи́льмы.

90. 국산영화인가, 미국영화인가?

☺ Тебé нрáвятся америкáнские фи́льмы?

☻ Да, мне нрáвятся америкáнские фи́льмы. А тебé?

☺ Мне нрáвятся корéйские фи́льмы.

너는 미국영화가 마음에 드니?

응, 나는 미국영화가 마음에 들어. 그런데 너는?

나는 한국영화가 마음에 들어.

어휘

нрáвятся 느라뱌짜	(동사) 마음에 들다 нрáвиться의 복수 3인칭 현재
америкáнские 아미리깐쓰끼에	(형용사) 미국의 америкáнский의 복수
фи́льмы 필르믜	(남성) 영화 фильм의 복수
корéйские 까레이쓰끼에	(형용사) 한국의 корéйский의 복수

✓ 여러 나라의 영화들

미국 영화	америка́нские фи́льмы아미리깐쓰끼에 필르믜
러시아 영화	ру́сские фи́льмы루쓰끼에 필르믜
일본 영화	япо́нские фи́льмы이뽄쓰끼에 필르믜
중국 영화	кита́йские фи́льмы끼따이쓰끼에 필르믜
한국 영화	коре́йские фи́льмы까레이쓰끼에 필르믜
프랑스 영화	францу́зские фи́льмы프란쭈쓰끼에 필르믜

✓ нра́виться의 주어(단수, 복수)에 따른 동사의 현재변화형을 비교하세요.

여격	동사(술어)	주어	비교
Мне 나(에게)는 Тебе́ 너(에게)는 Вам 당신(에게)는 Ему 그(에게)는 Ей 그녀(에게)는 Нам 우리(에게)는 Им 그들(에게)는	нра́вится 마음에 든다	моя́ кварти́ра 나의 아파트가	단수 주어
	нра́вятся 마음에 든다	коре́йские фи́льмы 한국영화들이	복수 주어

문형

사람여격 нра́вятся 사물복수

нра́вится 사물단수

Тебе́	нра́вятся	америка́нские	фи́льмы	?
너는	마음에 드니?	미국의	영화들이	

Мне	нра́вятся	америка́нские	фи́льмы	.
나는	마음에 든다.	미국의	영화들이	

☞ P에게는 N이 마음에 든다 ⇨ P는 N이 마음에 든다.

연습문제

1. 친구가 어떤 외국영화를 마음에 들어하는지 확인해 보세요.

예 Тебе́ нра́вятся америка́нские фи́льмы?

Да, мне нра́вятся америка́нские фи́льмы. А тебе́?

Мне нра́вятся коре́йские фи́льмы.

2. 친구의 가족 친지가 영화를 좋아하는지, 어떤 나라 영화를 좋아하는지 확인하세요.

예 Твой па́па лю́бит фи́льмы?

Да, он лю́бит фи́льмы.

Ему́ нра́вятся кита́йские фи́льмы?

Да, ему́ нра́вятся кита́йские фи́льмы.

러시아 人, 人, 人

에이젠쉬테인 Сергéй Михáйлович Эйзенштéйн

씨르게이 미하일러비치 에이젠쉬떼인 1898~1948

라트비아 리가 태생의 영화감독입니다. 모스크바의 참모본부 아카데미에서 수학했습니다. 처음에는 연극을 연출하였으나 큰 성공을 거두지는 못했습니다. 1923년 '그루모프의 일기'로 시작되는 영화제작은 그 후 '파업', '전함포템킨', '알렉산드르 넵스키', '이반뇌제'로 이어집니다. 에이젠쉬테인 영화의 특징은 몽타주의 효과적인 사용입니다. 몽타주는 쇼트(한 번의 지속적인 카메라 작동으로 촬영된 필름 단편)와 쇼트의 이음새가 보이지 않는 연결의 원칙을 따르는 대신, 쇼트와 쇼트가 서로 충돌하는 데서 발생하는 특정한 의미관념을 관객에게 전달하는 것을 최고의 목표로 합니다. 여기서 의미 또는 관념은 충돌하는 각각의 두 쇼트가 이미 각각 가지고 있는 것의 단순한 합계 이상이어야 함이 에이젠쉬테인의 몽타주의 특징입니다.

91. 특정 국가에 대한 선호 감정

☺ Тебé нрáвится Япóния?
☻ Да, мне нрáвится. А тебé?
☺ Мне не нрáвится.

너는 일본이 마음에 드니?
응, 나는 마음에 들어. 너는?
나는 마음에 안 들어.

어휘

нрáвится
느라비짜
(동사) 마음에 들다
нрáвиться의 단수 3인칭 현재

Япóния
이뽀니야
(여성) 일본

Китáй
끼따이
(남성) 중국

Корéя
까레야
(여성) 한국

Амéрика
아메리까
(여성) 미국 США쓰쏴 라고도 부릅니다.

Россúя
라씨야
(여성) 러시아

Фрáнция
프란찌야
(여성) 프랑스

Итáлия
이딸리야
(여성) 이탈리아

Гермáния
게르마니야
(여성) 독일

Áнглия
안글리야

(여성) 영국

Австрáлия
앞쓰뜨랄리야

(여성) 오스트레일리아

мне

(대명사) 나에게는, **я**의 여격

✓ 인칭대명사 주격과 여격의 비교

	인칭	주격	여격
단수	1인칭	я 나는	мне 나에게는
	2인칭	ты 너는	тебé 너에게는
	3인칭	он/онá 그/그녀는	емy/eё 그/그녀에게는
복수	1인칭	мы 우리는	нам 우리에게는
	2인칭	вы 너희는	вам 너희들에게는
	3인칭	они́그들은	им 그들에게는

✓ 동사 нрáвиться 현재변화형

	нрáвиться 동사	의미
단수 3인칭	нрáвится	마음에 들다
복수 3인칭	нрáвятся	

문형

사람여격 нрáвится 사물주격

Тебé	нрáвится	Япóния	?
너에게는 ⇨ 너는	마음에 드니?	일본이	
여격(경험주)	동사(술어)	주격(주어)	

у тебя́구문이나 본 문형의 тебé처럼 문법적으로는 주어가 아니지만 의미적으로 주어인 경우 경험주(어)라고 부릅니다.

연습문제

1. 친구가 어떤 나라를 마음에 들어 하는지 확인해 보세요.

예 Тебе́ нра́вится Аме́рика?

Да, мне нра́вится Аме́рика. А тебе́?

Мне не нра́вится Аме́рика.

러시아 人, 人, 人

바가노바 Агриппи́на Яковлевна Вага́нова 아그립삐나 야꺼블리브나 바가너바 1879~1951

무용가이자 무용교사입니다. 페테르부르크에서 태어났습니다. 1897년 페테르부르크 황실 극장학교 졸업 후, 1916년까지 마린스키극장 무대에서 활약했습니다. 1921년 모교의 교사가 되었고, 혁명 후 황폐한 상황에서도 세묘노바, 울라노바 등 뛰어난 무용수를 배출했습니다. 그녀의 무용이론을 종합한 '고전무용의 기초'는 세계 각지에서 인기가 높았습니다. 그녀의 교수법은 이른바 러시아파의 예술풍을 뒷받침하는 근간으로서 오늘날 러시아 각지 무용교육기관에서 공통의 자산으로 삼고 있습니다. 1957년 레닌그라드무용학교 이름에 '바가노바 기념'이란 명칭이 붙여졌습니다.

92. 특정국가에 대한 선호 감정(북한)

☺ Тебé нрáвится Сéверная Корéя?
☻ Нет, мне не нрáвится. А Китáй?
☺ Я не знáю о Китáе.

너는 북한이 마음에 드니?
아니, 나는 마음에 안 들어. 그런데 중국은 어떠니?
나는 중국에 대해서 몰라.

어휘

нрáвится 느라비짜	(동사) 마음에 들다
сéверная 세비르나야	(형용사) 북쪽의 сéверный의 여성
Корéя 까레야	(여성) 한국
Китáй 끼따이	(남성) 중국
знáю 즈나유	(동사) 안다 знать의 단수 1인칭 현재
о 오/아	(전치사) ~에 관해서 전치격 지배

Китáе 끼따에	(남성) 중국 Китáй의 전치격
странá 쓰뜨라나	(여성) 나라
какáя 까까야	(의문대) 어떤
какáя странá 까까야 쓰뜨라나	어떤 나라가
мóжет быть 모쥍 븨찌	아마도
Мне кáжется 므네 까죄짜	내가 보기에는

문형

사람여격 нрáвится 사물주격

Тебé	нрáвится	Сéверная Корéя	?
너에게는⇨너는	마음에 드니?	북한이	

연습문제

1. 친구에게 어떤 나라가 마음에 드는지 확인해 보세요.

예 Кака́я страна́ тебе́ нра́вится?
Мне нра́вится Аме́рика. А тебе́?
Мне нра́вится Росси́я.

2. 친구의 가족이나 친지에게 어떤 나라가 마음에 드는지 확인해 보세요.

남성	твоему́ па́пе 너의 아빠(에게)는 뜨바이무 빠뻬	твоему́ бра́ту 너의 남자형제(에게)는 뜨바이무 브라뚜
	моему́ па́пе 나의 아빠(에게)는 마이무 빠뻬	моему́ бра́ту 나의 남자형제(에게)는 마이무 브라뚜
	твоему́ дру́гу 너의 친구(에게)는 뜨바에무 드루구	твоему́ де́душке 너의 할아버지(에게)는 뜨바에무 제두쉬께
	моему́ дру́гу 나의 친구(에게)는 마이무 드루구	моему́ де́душке 나의 할아버지(에게)는 마이무 제두쉬께
여성	твое́й ма́ме 너의 엄마(에게)는 뜨바에이 마메	твое́й сестре́ 너의 여자형제(에게)는 뜨바에이 씨쓰뜨레
	мое́й ма́ме 나의 엄마(에게)는 마에이 마메	мое́й сестре́ 나의 여자형제(에게)는 마에이 씨쓰뜨레
	твое́й подру́ге 네 여자친구(에게)는 뜨바에이 빠드루게	твое́й ба́бушке 너의 할머니에(에게)는 뜨바에이 바부쉬께
	мое́й подру́ге 내 여자친구(에게)는 마에이 빠드루게	мое́й ба́бушке 나의 할머니(에게)는 마에이 바부쉬께

예 Кака́я страна́ нра́вится твоему́ бра́ту?
Мо́жет быть, ему́ нра́вится Аме́рика. А твое́й сестре́?
Мне ка́жется, ей нра́вится Фра́нция.

러시아 풍경

93. ROTC 호감도

☺ Тебé нрáвится ROTC?

☻ Да, мне нрáвится ROTC. А тебé?

☺ Мне тóже нрáвится ROTC.

너는 ROTC가 마음에 드니?

응, 나는 ROTC가 마음에 들어. 그런데 너는?

나도 ROTC가 마음에 들어.

어휘

нрáвится 느라비짜	(동사) 마음에 들다 нрáвиться의 단수 3인칭 현재
ROTC 알오티씨	학생군사교육단 (Reserve Officers Training Corps)

연습문제

1. 친구가 ROTC를 마음에 들어 하는지 확인하세요.

예 Тебé нрáвится ROTC?

Да, мне нрáвится ROTC. А тебе?

Мне тóже нрáвится ROTC.

다섯째 이야기 :
여행 이야기

Пя́тые разгово́ры. Разгово́ры о путеше́ствиях.
빠띄에 라즈가보릐 라즈가보릐 아뿌찌쉐쓰뜨비야흐

94. 방문해 본 나라

Ты была́ в Япо́нии?
Нет, я не была́ в Япо́нии. А ты?
Я был в Япо́нии два го́да наза́д.

95. 과거 여행 동반자

С кем ты был в Япо́нии?
Я был с роди́телями. Ты то́же была́ в Япо́нии?
Нет, я не была́ в Япо́нии.

96. 과거 방문 국가와 도시

Ты была́ в Кита́е?
Да, я была́ в Кита́е.
В како́м го́роде ты была́?
Я была́ в Харби́не.

97. 과거 외국 활동 내용

Что ты де́лала в Кита́е?
Там я учи́ла кита́йский язы́к.
Как до́лго ты учи́ла кита́йский язы́к?
Шесть ме́сяцев.

98. 과거 중국에서 만난 러시아 학생들

В Китáе ты встречáла рýсских студéнтов?
Да, я встречáла мнóго рýсских студéнтов в Харби́не .
Там я учи́ла рýсский язы́к.

99. 1년 전에 방문한 나라

Ты былá в Амéрике?
Нет, я ещё не былá в Амéрике. А ты?
Я былá в Амéрике год назáд.

100. 미국에서 방문한 도시

В какóм гóроде ты былá в Амéрике?
Я былá в Нью-Йóрке.
Тебé понрáвился Нью-Йорк.
Да, мне понрáвился Нью-Йорк.

101. 미국 방문 희망 여부

Ты хóчешь поéхать в Амéрику?
Да, я хочý поéхать тудá.
Когдá ты хóчешь поéхать тудá?
На лéтних кани́кулах.

94. 방문해 본 나라

☺ Ты былá в Япóнии?

☻ Нет, я не былá в Япóнии. А ты?

☺ Я был в Япóнии два гóда назáд.

너 일본 갔다 왔니?

아니, 나는 일본에 갔다 오지 않았어. 그런데 너는?

나는 일본에 이 년 전에 갔다 왔어.

어휘

былá
빌라
(동사) 있었다.
бытьᄋ 과거 단수 여성

в Япóнии
브이뽀니
일본에
전치사 в + Япóнияᄋ 전치격

два
(수사) 2

гóда
고다
(남성) 년, 해
годᄋ 단수 생격

назáд
나잘
(부사) ~ 전에

✓ 동사 быть 과거형태

	인칭대명사	동사과거형	비교
단수	남성(я, ты, он)	был	-л
	여성(я, ты, онá)	былá	-ла
복수	мы, вы, они́	бы́ли	-ли

문형

주어 был(а) в 장소전치격: ① 있었다 ② 갔다 온 적이 있다

Я	былá	в Япóнии	два гóда	назáд	.
나는	있었다.	일본에	2 년	전에	

연습문제

1. 친구가 갔다 온 곳을 확인해 보세요.

예 Ты был в Амéрике?
Нет, я не был в Амéрике. А ты?
Я былá в Амéрике три гóда назáд.

2. 친구의 가족이나 친지가 다녀온 나라를 확인해 보세요.

예 Твоя́ мáма былá в Китáе?
Нет, онá не былá в Китáе? А твоя́ мáма?
Моя́ мáма былá в Китáе год назáд.

95. 과거 여행 동반자

☺ С кем ты был в Япóнии?
☻ Я был с роди́телями. Ты тóже былá в Япóнии?
☺ Нет, я не былá в Япóнии.

너는 누구와 같이 일본에 갔었니?
나는 부모님과 같이 갔어. 너도 일본에 갔었니?
아니, 나는 일본에 간 적이 없어.

어휘

с
쓰
(전치사) ~와 함께
조격 지배

кем
껨
(의문사) 누구
кто의 조격

с кем
쓰껨
누구와 함께

был
빌
(동사) 있었다
быть의 과거 남성

былá
빌라
(동사) 있었다
быть의 과거 여성

в Япóнии
비뽀니이
일본에서
전치사 в + Япóния의 전치격

роди́телями
라지쩰랴미
(남성) 부모님
роди́тели의 조격

с роди́телями
쓰라지쩰랴미
부모님과 함께

✓ 명사의 주격과 조격

수	성	кто주격 누구?	С кем조격? 누구와 함께?	어미비교
단수	남성	брат	с бра́том 형과 함께	-ом(-ем)
	여성	ма́ма	с ма́мой 엄마와 함께	-ой(-ей)
복수	남성	роди́тели	с роди́телями 부모님과 함께	-ами(-ями)
	여성	сестро́й	с сёстрами	

문형

с 사람조격 : 누구와 함께

С кем	ты	была́	в Япо́нии	?
누구와 함께	너는	있었니?	일본에서	

연습문제

1. 친구가 누구와 함께 외국(또는 다른 도시)에 갔었는지 확인해 보시오.

예 С кем ты был в Япо́нии?
Я был с роди́телями. Ты то́же была́ в Япо́нии?
Да, я то́же была́ в Япо́нии.

2. 친구의 가족이나 친지가 누구와 함께 여행을 갔는지 확인하세요.

예 С кем твой брат был в Япо́нии?
Он был с сестро́й.

96. 과거 방문국가와 도시

☺ Ты былá в Китáе?
☻ Да, я былá в Китáе.
☺ В какóм гóроде ты былá?
☻ Я былá в Харбúне.

너 중국에 갔다 왔니?
응, 나는 중국에 갔다 왔어.
너는 어떤 도시에 갔었니?
나는 하얼빈에 갔다 왔어.

어휘

былá в 빌라 브	~ 에 있었다. ~에 갔다 왔다(주어가 여성인 경우)
в Китáе 프끼따에	중국에
в какóм гóроде 프까꼼 고러제	어떤 도시에
в Харбúне 프하르비네	하얼빈에

✓ Како́й의 주격과 전치격 형태를 비교하세요.

		주격	전치격(~에서)	의문대 어미
단수	남성	како́й го́род	в како́м го́роде 어떤 도시에서	-ой > -ом
	여성	кака́я страна́	в како́й стране́ 어떤 나라에서	-ая > -ой
복수		каки́е города́	в каки́х города́х 어떤 도시들에서	-ие > -их

문형

како́й남성 го́род남성 ⇨ в како́м го́роде남성전치격

В како́м го́роде	ты	была́	?
어떤 도시에	너는	있었니	?

연습문제

1. 친구가 외국의 어떤 도시에 갔다 왔는지 확인해 보세요.

예 Ты была́ в Кита́е?
Да, я была́ в Кита́е.
В како́м го́роде ты была́?
Я была́ в Пеки́не.

2. 친구의 가족과 친지가 외국의 어떤 도시에 다녀왔는지 확인해 보세요.

예 Твоя́ ма́ма была́ в Кита́е?
Да, она́ была́ в Кита́е.
В како́м го́роде она́ была́?
Она́ была́ в Харби́не.

97. 과거 외국 활동 내용

☺ Что ты де́лала в Кита́е?
☻ Там я учи́ла кита́йский язы́к.
☺ Как до́лго ты учи́ла кита́йский язы́к?
☻ Шесть ме́сяцев.

너는 중국에서 뭘 했니?
거기서 나는 중국어를 공부했어.
얼마나 오랫동안 너는 중국어를 공부했니?
6달 동안.

어휘

что 쉬또	(의문사) 무엇
там 땀	(부사) 거기서
де́лала 젤랄라	(동사) 했다 де́лать의 과거 여성
в Кита́е 프끼따에	중국에서
учи́ла 우칠라	(동사) 공부했다 учи́ть의 과거 여성
кита́йский 끼따이쓰끼	(형용사) 중국의
язы́к 이즥	(남성) 언어
как до́лго 깍 돌거	얼마나 오랫동안

шесть
쉐쓰찌

(수사) 6

ме́сяцев
메씨쩹

(남성) 달, 월
ме́сяц의 복수 생격

✓ 얼마나 오랫동안?

Как до́лго?깍 돌거?	얼마나 오래 동안
оди́н ме́сяц 아진 메씨쯔	한 달 동안
два ме́сяца 드바 메씨짜	두 달 동안
три ме́сяца 뜨리 메씨짜	세 달 동안
четы́ре ме́сяца 치띄레 메씨짜	네 달 동안
пять ме́сяцев 뺘찌 메씨쩹	다섯 달 동안
шесть ме́сяцев 쉐쓰찌 메씨쩹	여섯 달 동안
семь ме́сяцев 쏌 메씨쩹	일곱 달 동안
во́семь ме́сяцев 보씸 메씨쩹	여덟 달 동안
де́вять ме́сяцев 제비찌 메씨쩹	아홉 달 동안
де́сять ме́сяцев 제씨찌 메씨쩹	열 달 동안
оди́ннадцать ме́сяцев 아진낱짜찌 메씨쩹	열한 달 동안
двена́дцать ме́сяцев 드비낱짜찌 메씨쩹	열두 달 동안

문형

как + 부사 : 얼마나 ~만큼

Как	до́лго	ты	учи́ла	кита́йский язы́к	?
얼마나	오랫동안	너는	공부했니?	중국어를	

как до́лго : 얼마나 오랫동안
как ча́сто 차쓰떠 : 얼마나 자주
как бы́стро 븨쓰뜨러 : 얼마나 빨리

연습문제

1. 친구가 얼마나 오래 외국어를 공부했는지 확인해 보세요.

Как до́лго ты учи́ла кита́йский язы́к?
Шесть ме́сяцев. А ты?
Я учи́ла ру́сский язы́к два го́да.

러시아 人, 人, 人

니콜라이2세 Никола́й II Алекса́ндрович 니깔라이 프따로이 알릭싼드러비치 1868~1918

제정러시아(로마노프 왕조) 최후의 황제입니다. 1894년 26세의 젊은 나이로 즉위하여 다름슈타트 헤센 대공의 딸 아릭스와 결혼, 슬하에 다섯 자녀를 두었습니다. 비운의 공주로 유명한 아나스타샤 공주가 그 중 한 명입니다. 1917년 2월 혁명 후 3월2일 프스코프에서 퇴위했습니다. 3월 7일, 임시정부에 의해 자유를 박탈당하고, 8월 시베리아의 토볼스크에 유배되었습니다. 10월 혁명 후, 에카테린부르크로 이송되었으며 반혁명군에 의한 탈환을 두려워한 소비에트권력의 명령으로 1918년 7월 16일에 황후 및 자식 다섯과 함께 살해 되었습니다.

98. 과거 중국에서 만난 러시아 학생들

☺ В Китáе ты встречáла рýсских студéнтов?

☻ Да, я встречáла мнóго рýсских студéнтов в Харби́не.

☻ Там я учи́ла рýсский язы́к.

중국에서 너는 러시아 학생들을 만났니?
응, 나는 하얼빈에서 많은 러시아 학생들을 만났어.
거기서 나는 러시아어를 공부했어.

어 휘

в Китáе
프끼따에

중국에서
Китáй 중국의 전치격

встречáла
프쓰뜨레찰라

(동사) 만났다
встречáть의 과거 여성

рýсских
루쓰끼흐

(형용사) 러시아의
рýсский의 복수 생격
활동체를 수식하는 경우는 생격=목적격

студéнтов
쓰뚜젠뚭

(남성) 학생들
студéнт의 복수 생격=목적격

мнóго
므노거

(부사) 많은
мнóго + N복수생격

в Харбúне
프하르비네

하얼빈에서

там
땀

(부사) 거기에서

учúла
우칠라

(동사) 공부했다
учúть의 과거 여성

✓ 동사 과거형태: учúть와 встречáть

	인칭대명사	동사과거형	어미비교
단수	남성(я, ты, он)	учúл	-л
	여성(я, ты, онá)	учúла	-ла
복수	мы, вы, онú	учúли	-ли

	인칭대명사	동사과거형	어미비교
단수	남성(я, ты, он)	встречáл	-л
	여성(я, ты, онá)	встречáла	-ла
복수	мы, вы, онú	встречáли	-ли

문형

양화사 + 사람/사물복수생격

Я	встречáла	мнóго	рýсских студéнтов	в Харбúне	.
나는	만났다	많은	러시아의	하얼빈에서	
주어	동사과거여성	양화사	복수 생격	в 전치격	

встречáть는 '(우연히) 만나다'의 뜻으로 명사 목적격과 쓰이고 встречáться는 '(약속을 하고) 만나다'의 뜻으로 с 사람조격과 함께 사용됩니다: Я встречáла егó vs я встречáлась с ним

연습문제

1. 친구가 식당, 지하철역 등에서 많은 학생들을 만났는지 확인해 보세요.

(в ресторáне브리쓰따라네 레스토랑, в столóвой프쓰딸로버이 식당, в автóбусе발또부쎄 버스, на стáнции метрó나쓰딴찌 미뜨로 지하철역)

예 Где ты встречáла рýсских студéнтов?

Я встречáла мнóго рýсских студéнтов в ресторáне.

2. 친구가 무엇을 공부했는지 확인해 보세요.

예 Какóй язы́к ты учúл в шкóле?

Я учúл англúйский язы́к. А ты?

Я учúла францýзский язы́к.

바실리 칸딘스키 Васи́лий Васи́льевич Канди́нский 바씰리 바씰리비치 깐진스끼 1866~1944

화가입니다. 모스크바의 유복한 상인의 집안에서 태어났습니다. 모스크바 대학에서 법학, 경제학을 수학했습니다. 1889년 모스크바 북쪽의 볼로그다에 대한 민속조사에 참가하여 민중예술을 알게 되었습니다. 법학자로서 촉망받고 있었으나 회화공부에 전념하기 위해 1896년에 뮌헨으로 이주 했습니다. 1914년 말 러시아에 돌아왔으며 1921년 말 러시아를 떠날 때까지 미술기관의 요직을 맡아 미술관 체제 확립에 힘을 쏟았습니다. 칸딘스키는 말레비치, 몬드리안 등과 더불어 추상예술의 창시자로 평가받고 있습니다.

99. 1년 전에 방문한 나라

Ты былá в Амéрике?
Нет, я ещё не былá в Амéрике. А ты?
Я былá в Амéрике год назáд.

너는 미국에 갔다 왔니?
아니, 나는 아직 미국에 갔다 오지 않았어. 그런데 너는?
나는 미국에 일 년 전에 갔다 왔어.

어휘

в Амéрике 바메리께	미국에 Амéрика의 전치격
ещё 이쇼	(부사) 아직
год 곹	(남성) 년, 해
назáд 나잗	(부사) ~ 전에

✓ 동사 과거형태 : быть

	인칭대명사	동사과거형	어미비교
단수	남성(я, ты, он)	был	-л
	여성(я, ты, онá)	былá	-ла
복수	мы, вы, они́	бы́ли	-ли

문형

был(á) в + 장소전치격: ~에 다녀 왔다

Ты	былá	в Амéрике	?
너는	갔다 왔니?	미국에	

연습문제

1. 친구가 어떤 특정한 나라에 갔다 왔는지 확인해 보세요.

예 в Япóнии, в Китáе, в Австрáлии, во Фрáнции, в Гермáнии, в Испáнии

Ты былá в Амéрике?
Нет, я ещё не былá в Амéрике. А ты?
Я былá в Амéрике год назáд.

2. 친구의 가족이 어떤 특정한 나라나 도시에 다녀왔는지 확인해 보세요.

예 в Япóнии, в Китáе, в Австрáлии, во Фрáнции, в Гермáнии, в Испáнии, на Гавáйях, на Тайвáне, в Гонкóнге

Твоя́ мáма былá в Амéрике?
Нет, онá ещё не былá в Амéрике. А твоя́ мáма?
Онá былá в Амéрике год назáд.

100. 미국에서 방문한 도시

☺ В како́м го́роде ты была́ в Аме́рике?
☻ Я была́ в Нью-Йо́рке.
☺ Тебе́ понра́вился Нью-Йорк?
☻ Да, мне понра́вился Нью-Йорк.

미국에서 어떤 도시에 갔었니?
나는 뉴욕에 갔었어.
너는 뉴욕이 마음에 들었니?
응, 나는 뉴욕이 매우 마음에 들었어.

어휘

в како́м го́роде — 어떤 도시에
프까꼼 고러제 — 전치사 в + како́й го́род의 전치격

в Нью-Йо́рке — 뉴욕에서
브뉴요르께

понра́вился — (동사) 마음에 들었다
빠느라빌쌰 — понра́виться의 과거 남성

V 동사 과거형태 : понра́виться

	인칭대명사	동사과거형	어미비교
단수	남성(я, ты, он)	понра́вился	-лся
	여성(я, ты, она́)	понра́вилась	-лась
복수	мы, вы, они́	понра́вились	-лись

문형

в како́м전치격 장소전치격 : 어떤 ~ 에서

В	како́м	го́роде
~에(전치격 지배 전치사)	어떤(전치격)	도시에(전치격)

연습문제

1. 친구가 어떤 특정 도시에 다녀왔는지 확인해 보세요.

예 В како́м го́роде ты была́ в Аме́рике?
Я была́ в Нью-Йо́рке.
Тебе́ нра́вится Нью-Йо́рк?
Да, мнс о́чень нра́вится Нью-Йо́рк.

101. 미국방문 희망 여부

☺ Ты хóчешь поéхать в Амéрику?
☻ Да, я хочý поéхать тудá.
☺ Когдá ты хóчешь поéхать тудá?
☻ На лéтних канúкулах.

너는 미국을 방문하고 싶니?
응, 나는 거기에 가고 싶어.
언제 너는 거기에 가고 싶니?
여름 방학에.

어휘

хóчешь 호치쉬	(동사) ~하고 싶다 хотéть의 단수 2인칭 현재
поéхать 빠에하찌	(동사) 교통수단을 타고 출발하다 미정형
в	(전치사) ~로(방향) 목적격 지배
в Амéрику 바메리꾸	미국으로 (방향) Амéрика의 목적격
хочý 하추	(동사) ~하고 싶다 хотéть의 단수 1인칭 현재
когдá 까그다	(의문사) 언제
на	(전치사) ~에(시간) 전치격 지배
лéтних 레뜨니흐	(형용사) 여름의 лéтний의 복수 전치격
канúкулах 까니꿀라흐	(여성) 방학 канúкулы의 전치격 (항상 복수)

문형

в 장소목적격 : 장소에 (방향)

Ты	хóчешь поéхать	в Амéрику	?
너는	가고 싶니?	미국에	

☞ 전치사 'в' 와 함께 쓰이는 명사가 전치격이면 '~에서'의 장소표현이 되고, 함께 쓰이는 명사가 목적격으로 사용되면 '~에(로)'의 방향 표현이 됩니다.

: в 장소전치격 vs. в 장소목적격

연습문제

1. 친구가 특정한 나라에 가고 싶어 하는지 확인해 보세요.

в Япóнию, в Китáй, в Австрáлию, во Фрáнцию, в Гермáнию, в Áнглию, в Итáлию

예 Ты хóчешь поéхать в Амéрику?
Да, я хочý поéхать тудá.
Когдá ты хóчешь поéхать тудá?
На лéтних канúкулах.

2. 친구의 가족이나 친지가 특정 시기에, 특정한 나라에 가고 싶어 하는지 확인해 보세요.

в Япо́нию, в Кита́й, в Австра́лию, во Фра́нцию, в Герма́нию, в А́нглию, в Ита́лию
весно́й 비쓰노이 봄에, ле́том 례떰 여름에, о́сенью 오씨뉴 가을에, зимо́й 지모이 겨울에, в э́том ме́сяце 베똠 메씨쩨 이 달에, в сле́дующем году́ 프쓸레두유쉠 가두 내년에, в сле́дующем ме́сяце 프쓸레두유쉠 메씨쩨 다음 달에

예 Твой брат хо́чет пое́хать в Аме́рику?
Да, он хо́чет пое́хать туда́.
Когда́ он хо́чет пое́хать туда́?
Этим ле́том.

러시아 풍경

여섯째 이야기:

교통수단 이야기

Шесты́е разгово́ры. Разгово́ры о тра́нспорте.

쉐쓰띄에 라즈가보릐 라즈가보릐 아뜨란쓰빠르쩨

102. 너는 왜 대학교에 걸어 다니니?

Почему́ ты хо́дишь в университе́т пешко́м?
Потому́ что я живу́ недалеко́ от университе́та.
Где ты живёшь?
Я живу́ в кварти́ре SK.

103. 뭐 타고 대학교에 다니니?

На чём ты е́здишь в университе́т?
Я е́зжу на метро́ и на авто́бусе. А ты?
Я хожу́ в университе́т пешко́м.

104. 집에 버스 타고 가니?

Ты е́дешь домо́й на авто́бусе?
Да, я е́ду домо́й на авто́бусе. А ты?
Я иду́ домо́й пешко́м.

105. 미래 모스크바 출발 시간

Когда́ ты полети́шь в Москву́?
Я полечу́ в нача́ле ию́ля. А когда́ ты полети́шь в Аме́рику?
Я то́же полечу́ в нача́ле ию́ля.

106. 모스크바 출발 동반자

С кем ты полети́шь в Москву́?

С дру́гом.

Как его́ зову́т?

Его́ зову́т Кго Сун.

102. 너는 왜 대학교에 걸어 다니니?

☺ Почему́ ты хо́дишь в университе́т пешко́м?
☻ Потому́ что я живу́ недалеко́ от университе́та.
☺ Где ты живёшь?
☻ Я живу́ в кварти́ре SK.

너는 왜 대학교에 걸어서 다니니?
내가 학교에서 멀지 않은 거리에 살기 때문이야.
너는 어디 사니?
나는 SK아파트에 살아.

어휘

почему́
빠치무
(의문사) 왜

пешко́м
삐쉬꼼
(부사) 걸어서

хо́дишь
호지쉬
(동사) (걸어서) 다니다
ходи́ть의 단수 2인칭 현재

живу́
쥐부
(동사) 산다
жить의 단수 1인칭 현재

от
알
(전치사) ~로부터
생격 지배

недалеко́ (от)
니달레꼬(알)
(부사) 멀지 않다
от와 함께, ~로부터 멀지 않다

живёшь
쥐뵤쉬
(동사) 산다
жить의 단수 2인칭 현재

потому́ что
빠따무쉬또
(접속사) 왜냐 하면

в кварти́ре
프끄바르찌레
아파트에서
전치사 в + кварти́ра의 전치격

형태

✓ 동사 ходи́ть 현재변화형

단수1인칭	Я	хожу́하주	-у
단수2인칭	ты	хо́дишь호지쉬	-ишь
단수3인칭	он/она́	хо́дит호짙	-ит
복수1인칭	мы 우리	хо́дим호짐	-им
복수2인칭	вы 너희, 당신들	хо́дите호지쩨	-ите
복수3인칭	они́ 그들	хо́дят호쟡	-ят

✓ 동사 жить 현재변화형

단수1인칭	Я	живу́쥐부	-у
단수2인칭	ты	живёшь쥐뵤쉬	-ёшь
단수3인칭	он/она́	живёт쥐뵽	-ёт
복수1인칭	мы 우리	живём쥐븀	-ём
복수2인칭	вы 너희,당신들	живёте쥐뵤쩨	-ёте
복수3인칭	они́ 그들	живу́т쥐붙	-ут

문형

주어-부정태동사(ходи́ть)-방향 전치사구 [в 장소목적격]

Ты	хо́дишь	в университе́т	?
너는	(걸어) 다니니?	대학교에	

Я	хожу́	в университе́т	.
나는	(걸어) 다녀.	대학교에	

☞ 러시아어에는 의미는 같지만 방향성에 차이를 갖는 동사 쌍이 있습니다. 이를 문법적으로 한방향(정태)동사, 다방향(부정태)동사라고 해요. 예를 들어, ходи́ть와 идти́ 는 모두 '(걸어) 가다'의 의미를 갖지만 전자가 '왔다 갔다 하다'의 왕복의 의미를 갖는다면, 후자는 '한 방향으로 가다'를 뜻합니다.

я хожу́ в университе́т '나는 학교에 다닌다' vs. я иду́ в университе́т '나는 학교에 가고 있다'

연습문제

1. 친구가 대학교에 걸어서 다니는지 확인해 보세요.

예 Ты хо́дишь в университе́т пешко́м?
Нет, я не пешко́м. А ты?
Я хожу́ пешко́м.

2. 친구의 가족 중 학교나 직장에 걸어서 다니는 사람이 있는지 확인해 보세요.

예 Твоя́ сестра́ хо́дит в шко́лу пешко́м?
Да, она́ хо́дит в шко́лу пешко́м.
(в шко́лу 학교에, в це́рковь 교회에, в магази́н 상점에, на рабо́ту 직장에, на по́чту 우체국에)

모스크바 지하철 노선도

Схéма ли́ний Москóвского метрополитéна
스헤마 리니 마쓰꽆쓰꺼버 메뜨로뽈리떼나

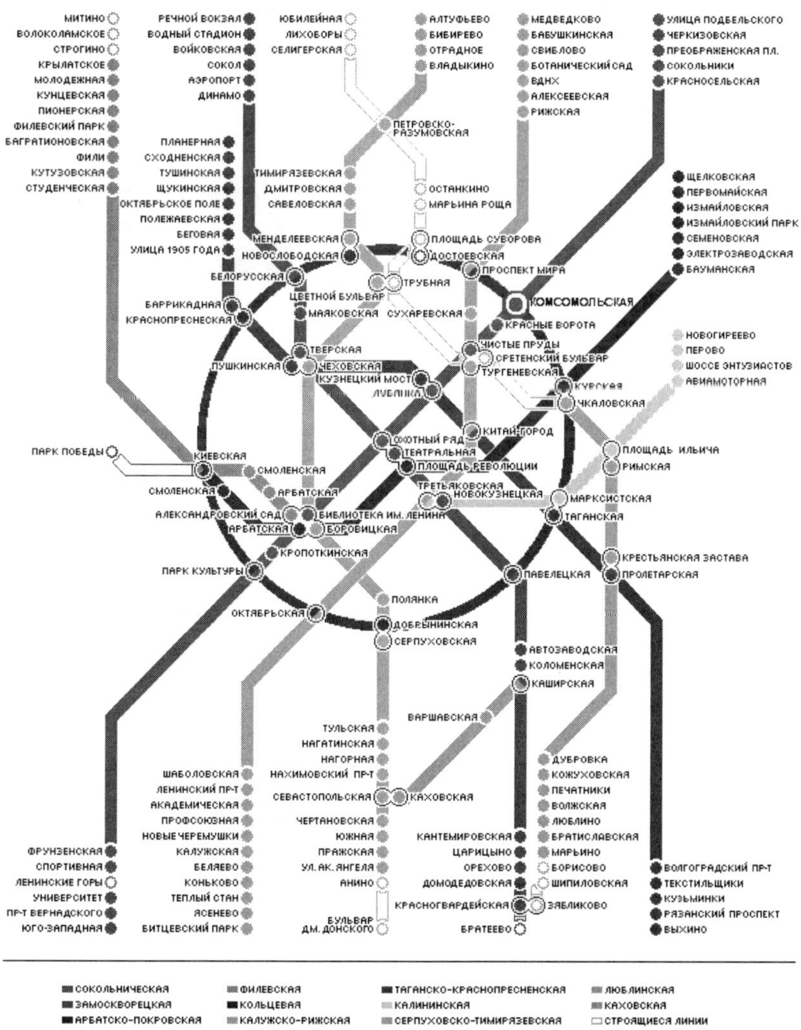

1 0 3 . 뭐 타고 대학교에 다니니?

☺ На чём ты éздишь в университéт?
☻ Я éзжу на метрó и на автóбусе. А ты?
☺ Я хожý в университéт пешкóм.

너는 뭐 타고 대학교에 다니니?
나는 전철이랑 버스를 타고 다녀. 그런데 너는?
나는 대학교에 걸어서 다녀.

어 휘

на 나	(전치사) ~을 타고 전치격 지배
чём 춈	(의문사) 무엇 что의 전치격
éздишь 에즈지쉬	(동사) (타고) 다니다 éздить의 단수 현재 2인칭
éзжу 에주	(동사) (타고) 다니다 éздить의 단수 현재 1인칭
метрó 미뜨로	(중성) 지하철, 불변명사
на метрó 나미뜨로	지하철을 타고 ☞ на는 전치격을 지배하는 전치사지만 метрó가 불변명사이기 때문에 형태가 변하지 않습니다

автóбус (남성) 버스
앞또부쓰

на автóбусе 버스를 타고
낲또부쎄 / на + 교통수단전치격

пешкóм (부사) 걸어서
삐쉬꼼

형 태

✓ 동사 éздить 현재변화형

단수1인칭	я	éзжу에주	-у
단수2인칭	ты	éздишь에즈지쉬	-ишь
단수3인칭	он/онá	éздит에즈짇	-ит
복수1인칭	мы 우리	éздим에즈짐	-им
복수2인칭	вы 너희, 당신들	éздите에즈지쩨	-ите
복수3인칭	они́ 그들	éздят에즈잗	-ят

문형

주어-부정태동사(éздить)-교통수단 전치사구 [на 교통수단전치격]

На чём	ты	éздишь	в университéт	?
~타고	너는	(타고) 다니니?	대학교에	

Я	éзжу	на метрó	и	на автóбусе	.
나는	(타고)다녀.	전철을 타고		버스를 타고	

연습문제

1. 친구가 학교에 어떻게 다니는지 물어 보세요.

예 Ты хóдишь и́ли éздишь в университéт?
Я хожý в университéт пешкóм. А ты?
Я éзжу в университéт.
На чём ты éздишь в университéт?
На метрó и на автóбусе.

페테르부르크 지하철 노선도

Схéма Санкт-Петербýргского метрополитéна

스헤마 상뜨-뻬찌르부릑쓰꺼버 메뜨로뽈리떼나

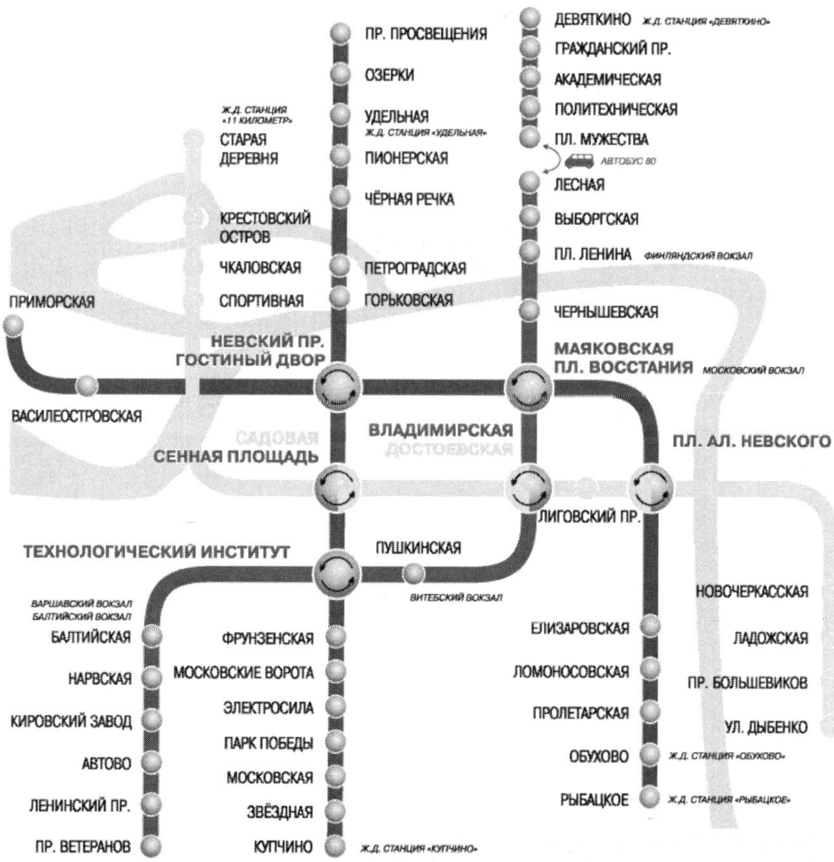

104. 집에 버스 타고 가니?

☺ Ты е́дешь домо́й на авто́бусе?
☻ Да, я е́ду домо́й на авто́бусе. А ты?
☺ Я иду́ домо́й пешко́м.

너는 집에 버스 타고 가니?
응, 나는 버스로 집에 가. 그런데 너는?
나는 집에 걸어서 가.

어휘

на
나
(전치사) ~을 타고
전치격 지배

на авто́бусе
낲또부쎄
버스를 타고
авто́бус의 전치격

е́дешь
에지쉬
(동사) (타고) 가다
е́хать의 단수 2인칭 현재

иду́
이두
(동사) (걸어) 가다
идти́의 단수 1인칭 현재

домо́й
다모이
(부사) 집으로

пешко́м
삐쉬꼼
(부사) 걸어서

형태

✓ 동사 идти́ 현재변화형

단수1인칭	Я	иду́ 이두	-у
단수2인칭	ты	идёшь 이죠쉬	-ёшь
단수3인칭	он/она́	идёт 이죹	-ёт
복수1인칭	мы 우리	идём 이죰	-ём
복수2인칭	вы 너희, 당신들	идёте 이죠쩨	-ёте
복수3인칭	они́ 그들	иду́т 이둩	-ут

✓ 동사 е́хать 현재변화형

단수1인칭	Я	е́ду 에두	-у
단수2인칭	ты	е́дешь 에지쉬	-ешь
단수3인칭	он/она́	е́дет 에짙	-ет
복수1인칭	мы 우리	е́дем 에짐	-ем
복수2인칭	вы 너희, 당신들	е́дете 에지쩨	-ете
복수3인칭	они́ 그들	е́дут 에둩	-ут

문 형

주어-정태동사(éхать)-방향전치사구/방향부사

Ты	éдешь	в университéт	?
너는	(타고) 가니?	대학교에	

Я	éду	в университéт	.
나는	(타고) 가.	대학교에	

Ты	идёшь	домóй	?
너는	(걸어) 가니?	집에	

Я	идý	домóй	.
나는	(걸어) 가.	집에	

☞ 러시아어에는 의미는 같지만 방향성에 차이를 갖는 동사 쌍이 있습니다. 이를 문법적으로 한방향(정태)동사, 다방향(부정태)동사라고 해요.

я идý в университéт vs. я хожý в университéт

'나는 학교에 가고있다' '나는 학교에 다닌다'

я éду домóй я éзжу домóй

'나는 집에 (타고) 가고있다' '나는 집에 (타고) 가곤 한다'

한방향 동사는 '하나의 목적지를 향해 가고 있다는' 의미를 갖습니다. 다방향 동사는 여러 목적지를 갖기 때문에 '다니다' 혹은 '~가곤 한다'와 같이 습관적이거나 반복적인 행위를 뜻하게 됩니다.

연습문제

1. 친구가 학교나 집에 어떻게 가는지 물어 보세요.

예 Ты е́дешь домо́й на авто́бусе?
Да, я е́ду домо́й на авто́бусе. А ты?
Я иду́ домо́й пешко́м.

105. 미래 모스크바 출발 시간

☺ Когдá ты полети́шь в Москвý?

☻ Я полечý в начáле ию́ля. А когдá ты полети́шь в Амéрику?

☺ Я тóже полечý в начáле ию́ля.

너는 언제 모스크바로 (비행기로) 출발하니?

나는 7월 초에 출발해. 그런데 너는 언제 미국으로 출발하니?

나도 7월 초에 출발할 거야.

어휘

когдá
(의문사) 언제

полети́шь
빨리찌쉬
(동사) (비행기로) 출발할 것이다
полетéть의 단수 2인칭. 완료상

в Москвý
브마쓰끄부
모스크바로
Москвá의 목적격(방향)

полечý
빨리추
(동사) 출발할 것이다
полетéть의 단수 1인칭. 완료상

в начáле
브나찰레
~초에
в + начáло 전치격

ию́ля
이율랴
(남성) 7월
ию́ль의 생격

в ию́ле
븨율레
7월에
в + ию́ль 전치격

✓ 동사의 상: 불완료상 vs. 완료상

	불완료상 лете́ть			완료상 полете́ть		
동사 변화형	단수	лечу́ лети́шь лети́т	현재 (비행기를 타고) 가다	단수	полечу́ полети́шь полети́т	미래 (비행기를 타고) 갈 것이다, 출발할 것이다.
	복수	лети́м лети́те летя́т		복수	полети́м полети́те полетя́т	

☞ 지금까지 우리가 배운 동사들은 거의가 불완료상이었습니다. 불완료상 동사들은 '어떤 동작/행위를 하다'의 의미만을 갖는 데 반해, 완료상 동사는 '어떤 동작/행위를 하다'라는 의미 외에 그 동작/행위가 완료되었음을 추가로 알려줍니다. 따라서 완료상 동사를 현재변화형으로 사용하게 되면 '앞으로 그러한 동작/행위를 완전히 수행할 것이다'라는 의미가 되므로 결과적으로 미래의 의미를 나타내게 됩니다.

✓ 달력의 월

1월	янва́рь인바리	7월	ию́ль이율
2월	февра́ль피브랄	8월	а́вгуст압구쓰
3월	март마르	9월	сентя́брь씬쨔브리
4월	апре́ль아쁘렐	10월	октя́брь악쨔브리
5월	май마이	11월	ноя́брь나야브리
6월	ию́нь이윤	12월	дека́брь지까브리

문 형

주어-완료상(полете́ть)-방향 전치사구 [в 장소목적격]

когда́	ты	полети́шь	в Москву́	?
언제	너는	(비행기로) 출발할거니?	모스크바에	

동사의 미래: я бу́ду лете́ть в Москву́. vs. я полечу́ в Москву́.

앞 과에서 배웠듯이 'быть동사 변화형 + 불완료상 동사 미정형'은 미래를 나타냅니다. 불완료상을 이용한 표현은 '모스크바에 언젠가는 갈 것이다'라는 막연한 미래의 행위를 나타내는 반면, 완료상을 이용한 표현은 '가까운 시일 내에 모스크바에 갈 것이다'라는 구체적이고 확실한 행위의 시작을 의미하게 됩니다.

연 습 문 제

1. 친구에게 모스크바에 갈 것인지 확인해 보세요.

예 Ты полети́шь в Москву́?

Да. Я полечу́ в Москву́. А ты?

Я то́же полечу́ в Москву́.

러시아 人, 人, 人

사하로프 Андре́й Дми́триевич Са́харов 안드레이 드미뜨리비치 싸하렆 1921~1989

과학자입니다. 1921년 5월 21일 모스크바에서 출생했으며 1942년 모스크바 대학을 졸업하였습니다. 1945년 레베데프 물리학연구소원이 되어, 이고리 탐 교수의 연구팀에서 수소폭탄 제조의 이론적 문제를 해명하는데 성공하였습니다. 소련 핵물리학회의 중진으로서 구소련의 수소폭탄의 아버지라 불리며, 스탈린상과 레닌훈장 등을 수상하였습니다.

106. 모스크바 출발 동반자

☺ С кем ты полети́шь в Москву́?
☻ С дру́гом.
☺ Как его́ зову́т?
☻ Его́ зову́т Чан Хо.

너는 누구랑 모스크바에 가니?
친구랑
그 애 이름이 뭐지?
그 애 이름은 찬호야.

어 휘

с кем 쓰곔	누구와 함께, кто의 조격 с + 사람조격
полети́шь 빨리찌쉬	(동사) 날아 갈 것이다 полете́ть의 단수 2인칭, 완료상
с дру́гом 즈드루검	친구와 함께 с + друг의 조격 전치사 'с'가 뒤에 오는 유성음 'д'의 영향으로 상응하는 유성음 'з'로 유성음화되어 발음됩니다.
зову́т 자불	(동사) 부르다 звать의 복수 3인칭 현재
его́ 이보	(대명사) 그를 он의 생격=목적격

형태

✓ 동사 полетéть 변화형 : 완료상. 미래 의미

단수1인칭	Я	полечу́빨리추	-у
단수2인칭	ты	полети́шь빨리찌쉬	-ишь
단수3인칭	он/онá	полети́т빨리찓	-ит
복수1인칭	мы 우리	полети́м빨리찜	-им
복수2인칭	вы 너희, 당신들	полети́те빨리찌쩨	-ите
복수3인칭	они́ 그들	полетя́т빨리쨭	-ят

문형

동반의 전치사구 : с + 사람조격

С кем	ты	полети́шь	в Москву́	?
누구와 함께	너는	(날아) 갈거니?	모스크바에	

(Я полечу́ в Москву́)	с дру́гом	.
(나는 모스크바에 갈거야.)	친구와 함께	

연습문제

1. 친구에게 모스크바에 갈 것인지, 간다면 누구와 가는지 물어 보세요.

예 Ты полети́шь в Москву́?
Да. Я полечу́ в Москву́.
С кем ты полети́шь в Москву́?
С дру́гом. А ты?
Я то́же полечу́ в Москву́.

2. 친구의 가족이나 친지가 외국에 갈 계획이 있는지, 있다면 누구와 갈 것인지를 확인해 보세요.

в Япо́нию, в Кита́й, в Австра́лию, во Фра́нцию, в Герма́нию, в А́нглию, в Ита́лию

예 Твой па́па полети́т в Аме́рику?
Да. Он полети́т в Аме́рику.
С кем он полети́т в Аме́рику?
С дру́гом. А твой па́па?
Он то́же полети́т, но в Москву́.

러시아 풍경

일곱째 이야기:

직업이야기

Седьмы́е разгово́ры. Разгово́ры о профе́ссии.

씨지믜에 라즈가보릐 라즈가보릐 아쁘라페씨이

107. 너의 아빠는 뭐하시니?

Кто твой па́па?
Он бизнесме́н. А твой?
Мой па́па рабо́тает госуда́рственным слу́жащим.

108. 너는 뭐가 되고 싶니?

Кем ты хо́чешь стать?
Я хочу́ стать перево́дчиком. А ты?
Я то́же хочу́ стать перево́дчицей.

109. 너는 언제 군대 갈거니?

Когда́ ты пойдёшь в а́рмию?
В сле́дующем году́. А ты?
Я в сле́дующем семе́стре?

110. 너는 뭐가 되고 싶었니?

Кем ты хоте́л стать? Ты хоте́л стать солда́том?
Нет, я не хоте́л стать солда́том. А ты?
Я хоте́л стать офице́ром. Кем ты хоте́л стать?
Я хоте́л стать профе́ссором. А тепе́рь кем ты хо́чешь стать?
Тепе́рь госуда́рственным слу́жащим.

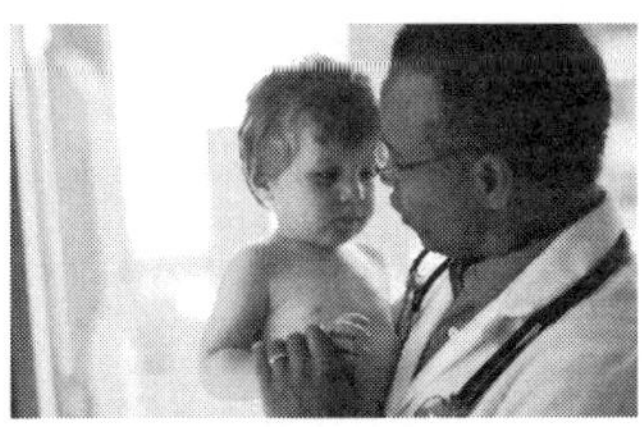

RUSSIA

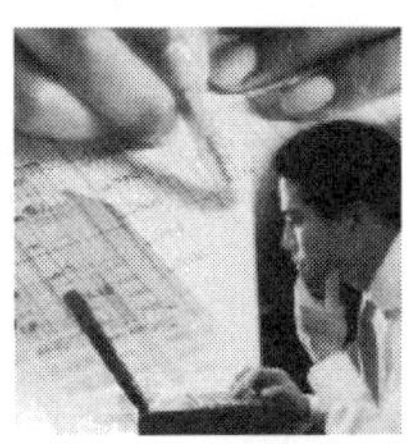

POWER

107. 너의 아빠는 뭐하시니?

☺ Кто твой па́па?
☻ Он бизнесме́н. А твой?
☺ Мой па́па рабо́тает госуда́рственным слу́жащим.

너의 아빠는 뭐하시니?
사업가이셔. 그런데 너희는?
우리 아빠는 공무원으로 일하셔.

'우리'라는 표현은 우리말에서 나타나는 독특한 현상으로 러시아어의 '나의 엄마' '나의 가족' 등은 우리말로 번역하는 경우, 우리 엄마', '우리 가족' 등으로 바꿔 말하도록 합니다.

어 휘

бизнесме́н 비즈니쓰멘	(남성) 사업가
рабо́тает 라보따잍	(동사) 일하다 рабо́тать의 단수 3인칭 현재
госуда́рственный 가쑤다르쓸벤늬	(형용사) 국가의 형용사 남성
слу́жащий 쓸루좌시	(남성) 사무원 형용사에서 전이된 명사, 형용사변화
госуда́рственным слу́жащим 가쑤다르쓸빈님 쓸루좌심	공무원 государственный служащий의 조격

✓ 동사 рабóтать 현재변화형

단수1인칭	Я	рабóтаю라보따유	-ю
단수2인칭	ты	рабóтаешь라보따에쉬	-ешь
단수3인칭	он/онá	рабóтает라보따옡	-ет
복수1인칭	мы 우리	рабóтаем라보따옘	-ем
복수2인칭	вы 너희, 당신들	рабóтаете라보따에쩨	-ете
복수3인칭	онú 그들	рабóтают라보따윹	-ют

문형

Кем рабóтает 사람? Он/Онá рабóтает 직업조격

Кем	рабóтает	твой пáпа	?
어떤 직업으로(누구로)	일하시니?	너희 아버지는	

Он	рабóтает	бизнесмéном	.
우리 아버지는(그는)	일하셔.	사업가로	

✓ 직업관련 어휘

студе́нт [쓰뚜젠뜨 student]	(남성)	(남자)대학생
студе́нтка [쓰뚜젠뜨까 studentka]	(여성)	여대생
шко́льник [쉬꼴리닉 shkol'nik]	(남성)	쉬꼴라에 다니는 남학생
шко́льница [쉬꼴리니짜 shkol'nitsa]	(여성)	쉬꼴라에 다니는 여학생
хозя́йка [하쟈이까 hazjajka]	(여성)	여자주인
домохозя́йка [다마하쟈이까 damaxazjajka]	(여성)	주부
бизнесме́н [비즈니쓰멘 biz'nismэn]	(남성)	비즈니스맨
преподава́тель [쁘리빠다바찔 pripadavatil]	(남성)	교수
медсестра́ [밑씨쓰뜨라 mitsistra]	(여성)	간호사
сотру́дник [싸뜨루드닉 satrudnik]	(남성)	직원
сотру́дник фи́рмы [싸뜨루드닉 피르믜 satrudnik firmy]		회사원
сотру́дница фи́рмы [싸뜨루드니짜 피르믜 satrudnitsa firmy]	(여성)	회사의 여자직원
муниципа́льный слу́жащий [무니찌빨늬 슬루좌시 munitsipal'nyj sluzhashiji]		시청직원
госуда́рственный слу́жащий [가수다르스뜨빈늬 슬루좌시 gasudarstvinyj sluzhshiji]		공무원
милиционе́р [밀리찌아네르 militsianer]	(남성)	경찰
врач [브라치 vrach]	(남성)	의사
адвока́т [아드바깥 advakat]	(남성)	변호사
судья́ [수지야 sud'ja]	(남성)	판사

прокуро́р (남성) 검사
[쁘라꾸로르 prakuror]

охра́на (여성) 경비원
[아흐라나 ahrana]

спортсме́н (남성) 스포츠맨
[쓰빠르쯔멘 spartsmen]

музыка́нт (남성) 음악가
[무즤깐뜨 muzhykant]

до́ктор (남성) 박사, 의사
[돜떠르 doktər]

води́тель (남성) 운전기사
[바지쩰 vaditel]

актёр (남성) 남자 배우
[악쬬르 aktjor]

актри́са (여성) 여자 배우
[악뜨리싸 aktrisa]

танцо́вщик (남성) 남자 무용수
[딴쏲쉭 tantsofschik]

танцо́вщица (여성) 여자 무용수
[딴쏲쉬짜 tantsofschitsa]

балери́на (여성) 발레리나
[발리리나 balirina]

инжене́р (남성) 엔지니어
[인쥐네르 inzhyner]

экономи́ст (남성) 경제 금융 분야 종사자
[이까나미쓰뜨 ikanamist]

гид (남성) 가이드, 안내원
[깉 git]

переводчик (남성) 통역사
[삐리봍칙 pirivotchik]

перево́дчица (여성) 여자 통역사
[삐리봍치짜 pirivotchitsa]

президе́нт (남성) 대통령, 대학총장
[쁘리지젠뜨 prizident]

член (남성) 회원, 멤버
[츨렌 chlen]

член конгре́сса (남성) 국회의원
[츨렌 깐그레사 chlen kangresa]

поэ́т [빠엩 paэt]	(남성)	시인
лётчик [룥칙 ljotchik]	(남성)	비행기 조종사
режиссёр [리쥐쑈르 rizhysjor]	(남성)	감독
секрета́рь [씨끄리따리 sikritar']	(남성)	비서
а́втор [아프떠르 aftər]	(남성)	저자
писа́тель [삐싸찔 pisatil]	(남성)	작가
дире́ктор [지렠떠르 direktər]	(남성)	책임자, 사장, 과장
дире́ктор фи́рмы [지렠떠르 피르믜 direktor firmy]	(남성)	회사 사장
убо́рщик [우보르싴 uborschik]	(남성)	청소부
убо́рщица [우보르시짜 uborschitsa]	(여성)	여자청소부
стюарде́сса [쓰뜌아르데싸 stjuardэsa]	(여성)	스튜어디스 ☜ 외래어라서 구개음화되지 않습니다.
журнали́ст [주르날리쓰뜨 zhurnalist]	(남성)	기자, 저널리스트
учи́тель [우치찔 uchitil']	(남성)	남자 선생님
учи́тельница [우치찔니짜 uchitil'nitsa]	(여성)	여자 선생님
па́стор [빠쓰떠르 pastər]	(남성)	목사
мона́х [마나흐 manah]	(남성)	승려
солда́т [쌀닽 saldat]	(남성)	군인 병사
офице́р [아피쩨르 afitsэr]	(남성)	군인장교
слу́жащий [쓸루좌시이 sluzhaschij]	(남성)	근무요원

воéнный слýжащий [바엔늬 슬루좌시 voennyj sluzhaschij] (남성) 직업군인

бакалáвр [바깔라브르 bakalavr] (남성) 학사(학위)

маги́стр [마기쓰뜨르 magistr] (남성) 석사(학위)

кандидáт наýк [깐지닽 나웈 kandidat nauk] (남성) 박사(Ph.D에 해당)

연습문제

1. 친구의 부모님께서 어떤 직종에서 일 하시는지 물어 보세요.

예 Кто твой пáпа?
Он бизнесмéн. А твой?
Мой пáпа рабóтает врачóм.

2. 친구에게 형제자매가 있는지 물어 보고 그들의 직업을 확인해 보세요.

예 У тебя́ есть брат?
Да, есть. У меня́ брат и сестрá.
Кем рабóтает твой брат?
Он шкóльник.

108. 너는 뭐가 되고 싶니?

☺ Кем ты хóчешь стать?
☻ Я хочý стать перевóдчиком. А ты?
☺ Я тóже хочý стать перевóдчицей.

너는 뭐가 되고 싶니?
나는 통역가가 되고 싶어. 그런데 너는?
나도 통역가가 되고 싶어.

어휘

кем 껨	(의문사) 누구 кто의 조격
хóчешь 호치쉬	(동사) 원하다 хотéть의 단수 2인칭 현재
хочý 하추	(동사) 원하다 хотéть의 단수 1인칭 현재
стать 쓰따찌	(동사) 되다, 동사 미정형
перевóдчиком 삐리볻치껌	(남성) 통역가 перевóдчик '남자 통역가'의 조격
перевóдчицей 삐리볻치쩨이	(여성) 통역가 перевóдчица '여자 통역가'의 조격
тóже 또줴	(부사) 또한, 역시

✓ 동사 хотéть 현재변화형

단수1인칭	Я	хочу́하추	-у
단수2인칭	ты	хо́чешь호치쉬	-ешь
단수3인칭	он/она́	хо́чет호칟	-ет
복수1인칭	мы 우리	хоти́м하찜	-им
복수2인칭	вы 너희, 당신들	хоти́те하찌쩨	-ите
복수3인칭	они́ 그들	хотя́т하짤	-ят

문형

주어-хотéть + 동사미정형(стать)

стать 직업조격 '~직업의 사람이 되다'
рабо́тать 직업조격 '~직업으로 일하다'

Кем	ты	хо́чешь	стать	?
누가	너는	되고 싶니?		

Я	хочу́	стать	перево́дчиком	.
나는	되고 싶어.		통역가가	

Кем ты хо́чешь стать?나 стать перево́дчиком은 직역하면 '너는 누구로 되고 싶니?', '통역가로 되다'지만 우리말로 바꿀 때는 '너는 뭐가/누가 되고 싶니?', '통역가가 되다'로 번역하는 것이 더 알맞습니다.

연습문제

1. 클래스의 친구들이 나중에 무엇이 되고 싶은지 물어 보세요.

예 Кем ты хо́чешь стать?
Я хочу́ стать актёром. А ты?
Я то́же хочу́ стать актёром.

2. 친구의 형제자매들이 커서 뭐가 되고 싶어 하는지 확인해 보세요.

예 У тебя́ есть сестра́?
Да, есть.
Кто она́?
Она́ студе́нтка.
Кем она́ хо́чет стать?
Она́ хо́чет стать врачо́м.

러시아 人, 人, 人

파스테르나크 Бори́с Леони́дович Пастерна́к 바리쓰 리오니더비치 빠쓰찌르낙 1890~1960

시인이자 작가입니다. 모스크바의 유대계 예술가 가정에서 태어났습니다.

처음에는 스크랴빈에게 지도를 받아 작곡가가 되려 했으나 포기하고 모스크바대학 역사·철학과에 입학했습니다. 1914년 처녀시집 『구름 속의 쌍둥이』를 발표했고, 이후 "1917년 여름"이라는 부제가 달린 『내 누이 인생』이라는 시집을 발표했는데, 독자적인 시풍으로 세계 현대시의 "새로운 언어"라는 평가를 받았습니다. 제2차 세계대전 중에는 반파시즘적 저항시를 써서, 정치적 비판을 받게 되자 침묵을 지키며 『닥터 지바고』의 집필에 전념했습니다. 1958년 『닥터 지바고』의 노벨 문학상 수상을 두고 벌어진 정치적 회오리바람에 "러시아에서 살고 싶다"는 의사를 표명하며 노벨상을 거부하기도 했습니다.

109. 너는 언제 군대 갈거니?

☺ Когда́ ты пойдёшь в а́рмию?

☻ В сле́дующем году́. А ты?

☺ Я в сле́дующем семе́стре.

너는 언제 군대 갈거니?

내년에. 그런데 너는?

나는 다음 학기에.

어휘

когда́ 까그다	(의문사) 언제
а́рмия 아르미야	(여성) 군대
пойдёшь 빠이죠쉬	(동사) 갈 것이다 пойти́의 단수 2인칭. 완료상
сле́дующий 쓸레두유시	(형용사) 다음의
в а́рмию 바르미유	군대로, 군대에 а́рмия의 목적격
в сле́дующем году́ 프쓸레두유솀 가두	내년에 전치사 в + сле́дующий год의 전치격
семе́стр 씨메쓰뜨르	(남성) 학기
в сле́дующем семе́стре 프쓸레두유솀 씨메스뜨레	다음 학기에 전치사 в + сле́дующий семе́стр의 전치격

✓ 동사 пойти́ 변화형: 완료상. 미래 의미

단수1인칭	Я	пойду́빠이두	-у
단수2인칭	ты	пойдёшь빠이죠쉬	-ёшь
단수3인칭	он/она́	пойдёт빠이죹	-ёт
복수1인칭	мы 우리	пойдём빠이죰	-ём
복수2인칭	вы 너희, 당신들	пойдёте빠이죠쩨	-ёте
복수3인칭	они́ 그들	пойду́т빠이둩	-ут

✓ 제2전치격: 단음절 + у́

주격	в 전치격	주격	в 제2전치격
Сеу́л го́род авто́бус университе́т	в Сеу́ле в го́роде в авто́бусе в университе́те	год сад шкаф порт	в году́ в саду́ в шкафу́ в порту́

하나의 음절로 이뤄진 어휘의 경우, 전치격 -е 어미가 아닌 강세를 갖는 -у́ 어미가 쓰이며, 문법적으로는 제2전치격이라고 부릅니다.

문 형

в 때, 기간을 나타내는 어휘전치격 : в [형용사남성 명사남성]전치격

주격	в 전치격	어미형태
сле́дующий год	в сле́дующем году́	-ом(ем) -е(у́) 형용사남성 명사남성 전치격 전치격
пе́рвый ме́сяц	в пе́рвом ме́сяце	
после́дний семе́стр	в после́днем семе́стре	

연습문제

1. 친구가 군대에 언제 가는 지 물어 보세요.

예 Когда́ ты пойдёшь в а́рмию?

В сле́дующем году́. А ты?

Пока́ я не зна́ю.

러시아 풍경

110. 너는 뭐가 되고 싶었니?

☺ Кем ты хоте́л стать? Ты хоте́л стать солда́том?

☻ Нет, я не хоте́л стать солда́том. А ты?

☺ Я хоте́л стать офице́ром. Кем ты хоте́л стать?

☻ Я хоте́л стать профе́ссором. А тепе́рь кем ты хо́чешь стать?

☺ Тепе́рь госуда́рственным слу́жащим.

너는 뭐가 되고 싶었니? 너는 군인이 되고 싶었니?
아니, 나는 군인이 되고 싶었던 적이 없어. 그런데 너는?
나는 장교가 되고 싶었어. 너는 뭐가 되고 싶었니?
나는 교수가 되고 싶었어. 그런데 너는 지금은 뭐가 되고 싶니?
지금은 공무원.

어 휘

хочу́ 하추	(동사) 원하다 хоте́ть의 단수 1인칭 현재
стать 쓰따찌	(동사) 되다, 동사 미정형
солда́том 쌀다떰	(남성) 군인, 사병 солда́т의 조격
офице́ром 아피쩨럼	(남성) 장교 офице́р의 조격
кем 꼠	(의문사) 누구 кто의 조격
хо́чет 호칱	(동사) 원하다 хоте́ть의 단수 3인칭 현재
хоте́л 하젤	(동사) 원하다 хоте́ть의 과거 남성
тепе́рь 찌뻬리	(부사) 이제는, 현재는
профе́ссором 쁘라페써럼	(남성) 교수 профе́ссор의 조격

✓ 동사 хоте́ть 현재변화형

단수1인칭	Я	хочу́하추	-у
단수2인칭	ты	хо́чешь호치쉬	-ешь
단수3인칭	он/она́	хо́чет호칠	-ет
복수1인칭	мы 우리	хоти́м하찜	-им
복수2인칭	вы 너희, 당신들	хоти́те하찌쩨	-ите
복수3인칭	они́ 그들	хотя́т하쨭	-ят

✓ 동사 хоте́ть 과거형

	인칭대명사	동사과거형	어미비교
단수	남성(я, ты, он)	хоте́л	-л
	여성(я, ты, она́)	хоте́ла	-ла
복수	мы, вы, они́	хоте́ли	-ли

✓ 명사의 주격과 조격 비교

	주격	조격	어미형태
남성	врач учи́тель	врачо́м учи́телем	-ом(ем)
여성	студе́нтка учи́тельница	студе́нткой учи́тельницей	-ой(ей)

문형

주어-хотéть-동사미정형(стать) 직업조격

Кем	ты	хотéтл	стать	?
누가	너는	되고 싶었니?		

Я	хотéтл	стать	учи́тельницей	.
나는	되고 싶었어		통역가가	.

연습문제

1. 친구가 뭐가 되고 싶어 했는지 물어 보세요.

예 Кем ты хотéл стать?
Я хотéл стать офицéром. А ты?
Я хотéла стать стюардéссой.

2. 친구의 부모님, 형제자매가 무엇이 되고 싶어 했는지 확인해 보세요.

예 У тебя есть сестрá?
Да, есть.
Кем хотéла стать твоя́ сестрá?
Она хотéла стать актри́сой.

어휘색인

а

б

в

Г

Д

е

ж

з

И

К

Л

р

с

Ч

Ш

Э

Я

러시아어 문자

인쇄체	필기체	명칭과 발음	필기체 쓰기
А а	А а	а 아 [a]	азбука
Б б	Б б	бе 베 [b]	буква
В в	В в	ве 붸 [v]	весна
Г г	Г г	ге 게 [g]	газета
Д д	Д д	дэ 데 [d]	дерево
Е е	Е е	е 예 [e]	лес
Ё ё	Ё ё	ё 요 [jo]	ёлка
Ж ж	Ж ж	жэ 줴 [zh]	журнал
З з	З з	зэ 제 [z]	земля
И и	И и	и 이 [i]	игра
Й й	Й й	и краткое 짧은 이 [j]	мой
К к	К к	ка 까 [k]	Как
Л л	Л л	эл 엘 [l]	лодка
М м	М м	эм 엠 [m]	музей
Н н	Н н	эн 엔 [n]	неделя
О о	О о	о 오 [o]	они

러시아어 문자

인쇄체	필기체	명칭과 발음	필기체 쓰기
П п	П п	пе 뻬 [p]	письмо
Р р	Р р	эр 에르[r]	город
С с	С с	эс 에쓰[c]	свет
Т т	Т т	тэ 떼 [t]	метро
У у	У у	у 우 [u]	рука
Ф ф	Ф ф	эф 에프[f]	телефон
Х х	Х х	ха 하 [h]	хлопок
Ц ц	Ц ц	цэ 쩨 [ts]	цифра
Ч ч	Ч ч	че 체 [ch]	число
Ш ш	Ш ш	ша 샤 [sh]	школа
Щ щ	Щ щ	ща 시좌[sch]	вещи
ъ	ъ	твёрдый знак 경음부호	подъезд
ы	ы	ы 의 [y]	рыба
ь	ь	мягкий знак 연음부호	деревья
Э э	Э э	э 에[э]	экзамен
Ю ю	Ю ю	ю 유[ju]	юбка
Я я	Я я	я 야[ja]	яхта

러시아어 철자와 발음 표기

1. 본문의 외래어나 외국어는 국어 권장 표기법을 따르고 있으나 러시아어의 발음 표기는 권장 표기법의 테두리를 벗어나더라도 가능한 원음에 가깝게 옮기는 것을 원칙으로 하고 있다.

→ Пётр[쀼뜨르 pjotr] 표트르

2. 러시아어의 모음약화, 자음의 유·무성음화, 구개음화 등도 발음 표기에 반영하고 있다. 그러나 모음약화의 경우, 음가의 큰 변화 없이 소리가 약화되는 음들(а, э, у, ы, и, ю)은 따로 구분하지 않고 있다.

✓모음약화 : 강세가 있는 모음은 강하고 분명하게 발음하지만 강세가 없는 모음은 짧고 약하게 발음되는 현상. 단 문법어미는 문법적 정보를 전달하기 위해 덜 약화되는 경향이 있다.

→ язы́к[이직 jizyk] окно́[아끄노 akno] мо́ре[모레 more]

✓무성음화 : 어말의 유성자음이 무성자음으로 바뀌거나 자음이 연속해 있을 때 뒤의 무성자음의 영향으로 앞의 유성자음이 무성음으로 동화되어 발음되는 현상. 유성음화는 유성자음 앞의 무성음이 유성음으로 바뀌어 발음되는 현상

→ год[곹 got] авто́бус[앞또부스 aftobus]

✓구개음화 : 연자음 т, д가 모음과 결합 시(표기상 모음 철자 я, ю, е, ё, и와 사용될 때) 구개음화되는 현상

→ дя́дя[쟈쟈 djadja] тигр[찌그르 tigr]

3. 어휘의 표기는 가능한 한 음절수를 축소하여 실제 러시아인들의 발음 속도를 맞추고 있다. 따라서 음절을 이루지 못하는 자음은 우리나라 어법에 맞지 않더라도 앞 음절의 받침으로 표기하였다. 단 받침으로 표기한 자음이 우리나라 발음 규칙의 영향을 받아 왜곡 될 가능성이 큰 경우는 분절하여 표기하였다.

예 танцо́вщик[딴쫖실 tantsofschik]

прия́тно[쁘리얕너 prijatnə] > 우리말 발음규칙 [쁘리얀너] ⇨ [쁘리야뜨너]

모음

а	아[a]	я	강세 : 야[já] 강세 앞·뒤 : 이[i]
э	에[э]	е	강세 : 에[é][1)] 강세 앞·뒤 : 이[i]
о	강세 : 오[ó] 강세 앞 : 아[a] 강세 뒤 : 어[ə]	ё	요[jó]
у	우[u]	ю	유[ju]
ы	의[y][2)]	и	이[i]

자음

б	ㅂ[b]	п	ㅃ[p]
в	ㅂ[v]	ф	ㅍ[f]
г	ㄱ[g]	к	ㄲ(ㅋ)[k][3)]
д	ㄷ[d]	т	ㄸ(ㅌ)[t]
ж	조/주[zh]	ш	소/수[sh]
з	ㅈ[z]	с	ㅆ[s]
л	ㄹ[l]	х	ㅎ[h]
м	ㅁ[m]	ч	ㅊ[ch]
н	ㄴ[n]	щ	ㅅ[sch]
р	ㄹ[r]	ц	ㅉ[ts]
й	이[i](모음и 보다 짧게 발음)		

1) е는 연자음 뒤에만 사용되므로 실제 발음은 우리말 [예]에 가까우나 표기의 간소화를 위해 [에]로 표기함

2) **ы**는 자음과 모음 하나씩으로만 구성된 단음절어(CV)의 경우는 [으이]로 표기

3) 괄호 안은 받침으로 사용된 경우의 표기

4) ь, ъ은 따로 표기하지 않지만, 연음기호 ь [']는 한글 발음표기시 연음화 되는 자음의 발음표기를 위해 꼭 필요한 경우 [i]모음처럼 표기하고 있다.

июль [이율 ijul'] VS. сентябрь [씬짜브리 sintjabr']

예 я[야 ja] идёшь[이죠쉬 idjosh]

ты[뜨이 ty] живу́т[쥐붇 zhivut]

язы́к[이즥 jizyk] жар[좌르 zhar]

па́па[빠빠 papa] сле́дующий[쓸레두유시 sledujuschi]

го́род[고럳 gorat] авто́бус[앞또부쓰 aftobus]

Са́ша[싸솨 sasha] рестора́н[리쓰따란 ristaran]

생존 러시아어 1권 차례

생존 러시아어 1권 차례

안병팔 (安秉八)

육군사관학교 졸업 (문학사)
한국외국어대학교 대학원 졸업 (문학석사, 문학박사)
육군사관학교 교수부 러시아어 전임강사 역임
육군정보학교 러시아어 전문교관 역임
미국 UCLA 방문교수 (2010-2011)
現 서경대학교 인문과학대학장, 러시아어전공 교수
現 한국러시아문학회 부회장

저 서 : 『러시아어학의 이해』(공저), 고등학교 『러시아어 회화 1, 2』(교육인적자원부)
『재미있게 배워보는 생존러시아어』(공저)

이수현 (李受縣)

러시아국립인문학대학교(РГГУ) 언어학 박사
現 서경대, 서울대 강사
미국 UC. Berkeley 방문교수(2011-2012)

저 서 : 『재미있게 배워보는 생존러시아어』(공저)

재미있게 배워보는 생존 러시아어 2

1판 1쇄 찍음 • 2008년 8월 20일
1판 2쇄 펴냄 • 2011년 8월 30일

공저자 • 안병팔 · 이수현
발행인 • 정 현 걸
발 행 • 신 아 사
인 쇄 • 예지인쇄

출판등록 • 1956년 1월 5일 (제9-52호)
서울특별시 은평구 녹번동 28-36
전화 (02)382-6411 • 팩스 (02)382-6401
홈페이지 • www.shinasa.co.kr
E-mail • shinasa@chol.com

ISBN 978-89-8396-611-7

정가 ***12,000*** 원